CW01659434

IL METODO MONTESSORI

Titolo originale dell'opera:
Montessori de la naissance à 3 ans. Apprends-moi à être moi-même

Le immagini appartengono a Charlotte Poussin, a eccezione di: Shutterstock © Uvarov Stanislav, p. 123; © Tetiana Iatsenko p. 125.

Per l'edizione italiana:
Traduzione di Monica Miniati
Editing e impaginazione a cura di Studio Newt

www.giunti.it

Via Bolognese 165 - 50139 Firenze - Italia
Piazza Virgilio 4 - 20123 Milano - Italia
Prima edizione: marzo 2017
Seconda ristampa: settembre 2017

MISTO
Carta da fonti gestite in maniera responsabile
FSC® C016466
FSC www.fsc.org

Stampato presso Lito Terrazzi srl, stabilimento di Iolo.

CHARLOTTE POUSSIN

Educatrice Montessori AMI

IL METODO MONTESSORI

per crescere tuo figlio
da 0 a 3 anni e aiutarlo
a essere se stesso

DEMETRA

Prefazione

Finalmente un libro che ha il coraggio di dire una cosa ovvia. L'educazione comincia dalla nascita. L'educazione non consiste nel plasmare un essere umano, ma nell'aiutarlo a costruirsi da solo. L'educazione è un'avventura umana che dalla nascita va fino alla morte, è l'avventura della vita.

Questo testo ci illustra una realtà molto semplice: nostro figlio, sin dalla nascita, è un individuo completo con le proprie potenzialità, i propri limiti, le proprie qualità e i propri gusti, un individuo dotato di una volontà e pronto ad affrontare il mondo. Ma, come ognuno di noi, ha bisogno di aiuto. Più l'aiuto sarà adeguato ed efficace, più il nuovo individuo saprà sviluppare le proprie capacità e guidare la propria avventura umana nell'armonia e nella felicità.

Questo libro ha il solo obiettivo di aiutarci ad aiutare il nostro bambino. Non si tratta di trovare metodi e soluzioni preconfezionati, ma di imparare a costruire noi stessi una relazione con nostro figlio, una relazione fatta di fiducia, di rispetto e di impegno a dare il meglio. Leggendo questo libro scopriremo il bambino quale è, con il suo desiderio di esplorare e scoprire, la sua voglia di tenere sotto controllo ciò che ha intorno, di muoversi nello spazio che lo circonda e, soprattutto, con la sua fame di relazione e di scambio con il proprio contesto.

Giovani genitori, noi siamo spesso perplessi e talvolta persino angosciati dal mistero che un bambino rappresenta. Le pagine che seguono ci mostreranno come osservare e soprattutto come rispettare la straordinaria capacità di concentrazione dei nostri figli. Dobbiamo prendere coscienza dell'enorme sfida che per un bambino è la scoperta di ciò che lo circonda. Riconoscere i suoni e i colori, distinguere il freddo dal caldo, il dolce dal salato e mille altre percezioni gli richiedono uno sforzo di un'intensità che non avrà eguali per tutto il resto della sua vita.

A nostro figlio dobbiamo garantire le migliori condizioni per portare a compimento un'impresa così complessa. È necessario costruire intorno a lui un ambiente che ne stimoli e faciliti il movimento, e quindi l'esplorazione. È altrettanto necessario evitare le distrazioni che ostacolano la concentrazione. Questo libro non si limita a dare consigli semplici e pratici, ma vuole anche fornirci chiare spiegazioni che ci permetteranno di capire meglio cosa succede nel cuore e nella mente dei nostri piccoli.

Nostro figlio, inoltre, non scopre soltanto il proprio corpo e i propri sensi, ma fa soprattutto la più straordinaria e sconvolgente di tutte le scoperte: si riconosce come individuo e prende coscienza di se stesso. Scopre molto presto di essere in grado di «decidere» da solo. Può decidere di muoversi, di afferrare, di emettere un suono, di attirare l'attenzione di chi lo circonda. Decidere è scegliere, è agire liberamente. Il nostro ruolo è stimolare la nascita dell'essere che segue quella del corpo. Per questo abbiamo bisogno di imparare a osservare nostro figlio e a rispettarne le scelte. È necessario moltiplicare le opportunità che gli sono offerte di fare nuove scelte, di mettere in tal modo in pratica la libertà e diventarne consapevole.

Questo libro ci invita a riflettere sull'educazione. Il messaggio di Maria Montessori è molto più di un metodo. Deriva da una rigorosa osservazione del bambino nei suoi primi anni. Ci impone di rispettare lo sforzo del bambino nel suo percorso di scoperta del mondo, degli altri e, soprattutto, di se stesso. La genialità di Maria Montessori è quella di aver dato una forma concreta a un antico insegnamento espresso da Socrate e citato da Platone nel *Teeteto*: «Ed è evidente che ciò avviene senza che loro abbiano imparato assolutamente nulla da me: è da se stessi che hanno tratto i molti splendidi pensieri che partoriscono. In realtà, [solo] il merito di aver favorito il parto va al dio e a me»[1].

Il merito di questo libro è di aiutarci a mettere in pratica questa antica riflessione.

André Roberfroid, Presidente della Fondation Montessori de France e Ambasciatore dell'AMI-Association Montessori Internationale

[1] Platone, *Teeteto o Sulla scienza*, Introduzione di Salvatore Natoli. Saggio critico di Davide Spanio, Feltrinelli, Milano 1994, p. 55.

Ringraziamenti

Ringrazio Stanislas e i nostri cinque figli, Solange, Jean-Baptiste, Jeanne, Célestine e Maxime. Quest'ultimo si è aggiunto alla nostra famiglia nel 2014: molte immagini di questo volume sono sue foto. Il suo arrivo mi ha dato il desiderio di rituffarmi nelle opere di Maria Montessori per rileggerle nell'ottica della prima infanzia. Ciò mi ha appassionato e stimolato a condividere l'approccio Montessori con i bambini. Ringrazio anche i miei genitori.

I miei ringraziamenti vanno ad André Roberfroid, presidente della Fondation Montessori de France e ambasciatore dell'AMI, per la sua prefazione ma anche per la sua prospettiva, le sue convinzioni, la sua benevolenza e il suo sostegno.

I miei ringraziamenti vanno anche a tutti coloro che hanno offerto la propria testimonianza e hanno partecipato a questo libro: Patricia Spinelli e Isabelle Séchaud dell'ISMM, Odile Anot, Céline Alvarez, Aurore Moehring, Lydie Lecetre Abbyad, Ioana Vasilescu Bellenger, Hélène de Ségrais, Patricia Peterson Fontenay, Joumana Hamel, Mia Mazzantini, Yolande Iquel, Elena, Aude, Marie, Nadia e Christelle.

Ringrazio le scuole che mi hanno aperto le loro porte: la Scuola Montessori bilingue di Reuil-Malmaison, la Scuola internazionale Montessori del Jardin du Luxemburg di Parigi e l'Asilo Montessori di Boulogne.

Ringrazio l'AMI e Joke Verheul per le foto di Maria Montessori e Anne Jeanne Etienbled, Madeline Verguet, Paul Bertin per le loro foto. Un grazie anche alle comparse: Alice, le gemelle Ebose e Onose, Adam, Edouard, Tristan e Martin.

Grazie a tutto lo staff editoriale e, in particolare, a Gwénaëlle, Sandrine e Anne.

E grazie, cari lettori, per avere questo libro tra le vostre mani.

Lo dedico a tutti i bambini, sono il nostro avvenire.

Indice

Introduzione

Il cucciolo d'uomo è una persona a pieno titolo i cui primi 1000 giorni incideranno su tutta la sua vita, perché si tratta di un periodo creativo della sua individualità. Tre anni fondativi di cui non si ha un ricordo cosciente, destinati però a imprimere un segno sulla nostra memoria inconscia. A questa età il bambino merita dunque la più grande attenzione. Si nutre soprattutto di amore e di buone relazioni. Possa questo libro contribuire a una presa di coscienza collettiva dell'importanza fondamentale dei primi tre anni. L'educazione deve perciò essere considerata **un aiuto alla vita**, vale a dire un servizio reso al piccino che, vulnerabile, ha bisogno di sostegno per sopravvivere, adattarsi e crescere in modo armonioso.

Educare significa aiutare, prodigarsi. L'aiuto deve essere ben dosato perché ogni intervento inutile può diventare un ostacolo allo sviluppo naturale e all'equilibrio del bambino. È tutta una questione di misura. **Come aiutare senza aiutare troppo?** È il grande interrogativo cui cerco di rispondere in questo libro, basandomi sugli studi di Maria Montessori, medico, pedagogista e psichiatra e sulla mia esperienza di "genitore esploratore", di madre di cinque figli che hanno oggi tra i 2 e i 17 anni. Senza dimenticare di richiamarmi alla mia stessa esperienza di bambina.

> **«Solo il bambino può farci luce, darci una guida per l'educazione»**
> Maria Montessori[1]

Per un accompagnamento adeguato del bambino è opportuno conoscere prima le fasi del suo sviluppo, certamente da un punto di vista fisico, ma anche e soprattutto da un punto di vista spirituale, perché tra 0 e 3 anni la sua vita psichica è intensa. Comincia dalla nascita e addirittura prima. Il carattere del bambino si costruisce in funzione delle circostanze della sua vita (tra 0 e 3 anni). Se in questo periodo il suo carattere sviluppa aspetti negativi, tra i 3 e i 6 anni può correggerli facilmente. La sua coscienza mo-

[1] M. Montessori, *L'importanza dell'educazione per la realizzazione della pace. L'educazione dell'individuo* (*Internationale School voor Wysbegeertr,* Amersfoort, 30 dicembre 1937) in Id., *Educazione e pace*, Garzanti, Milano 1949, p. 155.

rale si svilupperà più avanti, tra i 7 e i 12 anni. E ciò perché la sua volontà si è già ben sviluppata prima.

Se c'è un messaggio che Maria Montessori ha voluto trasmettere con i suoi racconti, i suoi libri e le sue conferenze è quello dell'importanza di rispettare il bambino. Maria Montessori riteneva che gli adulti, pur con le migliori intenzioni, si preoccupassero troppo di essere ubbiditi, di tenere tutto sotto controllo, di organizzare e di intervenire nella vita del bambino, soffocando così le sue attività spontanee quando queste gli erano invece dettate da forze vitali. Pensava che l'uomo fosse oppresso da questo comportamento sin dalla nascita e che ciò spiegava l'universalità di un conflitto inconscio tra gli adulti e i bambini. Usava parole forti perché potesse realizzarsi una presa di coscienza: sì, l'adattamento del bambino è necessario ma non deve essere brusco poiché il bambino, come un bocciolo delicato, ha bisogno di adattarsi lentamente e con serenità, altrimenti corre il rischio di perdere la propria personalità e/o di sviluppare grossi difetti che Montessori chiamava «devianze».

«Non si può ottenere nulla nel mondo dell'adulto, se prima non si opera in quello del bambino»
Maria Montessori[2]

Deplorava il fatto che l'adulto avesse una cattiva conoscenza del bambino poiché lo considerava una persona in divenire che doveva uniformarsi a un contesto sempre più materialista e lontano dalla natura. Parlava di un adulto «veramente [...] cieco verso il bambino»[3], perché non accettava caratteristiche e obiettivi diversi dai suoi. Tale situazione crea un conflitto da cui l'adulto esce sempre vittorioso, seppure stanco, mentre il bambino ne esce frustrato e incompreso, addirittura distrutto e complessato. L'adulto perde l'occasione di essere felice contribuendo positivamente allo sviluppo del bambino e di vivere in pace con lui. Il bambino perde il senso del proprio valore. Questo senso di inferiorità compromette la fiducia in se stesso a

[2] M. Montessori, *Educate per la pace (VI Congresso internazionale Montessori,* Copenaghen 1937) in Id. *Educazione e pace*, cit., p. 111.
[3] Id., *Premessa*, ivi, p. 15

meno che il bambino trasformi la propria vita in una sfida, che sarà sempre quella di fare meglio degli altri, correndo il rischio di diventare un uomo angosciato, inquieto, poco generoso e poco collaborativo.

Maria Montessori contrapponeva la concezione dell'amore, del lavoro, dell'indipendenza e della collaborazione a quella dell'odio, del possesso, della dipendenza e della competizione.

È una questione di importanza cruciale.

Perché inserire un bambino in un contesto che ne favorisce lo sviluppo significa costruire un essere umano migliore, in buona salute psichica, fiducioso, indipendente, creativo, generoso, desideroso di creare un mondo migliore.

Ogni bambino è una promessa perché porta dentro di sé un tesoro di entusiasmo e di amore. Ogni nascita è una nuova speranza per l'umanità. Ma per questo è necessario tutelare le forze positive dell'infanzia.

L'educazione è la strada migliore per raggiungere la pace. Da qui l'importanza della nostra missione di educatori.

Possiamo riassumere il nostro ruolo in tre punti:

- Scoprire, rispettare e capire le attività del bambino osservandolo.
- Assecondare il desiderio di attività reale del bambino, educarlo all'indipendenza, aiutarlo senza servirlo, determinare la giusta soglia di intervento poiché il bambino non vuole essere aiutato ma essere lasciato tranquillo per imparare a fare le cose da sé.
- Essere attenti nella nostra relazione perché il bambino è molto sensibile. Accettare le sue sensazioni. Cooperare piuttosto che imporre.

Maria Montessori teneva una vera e propria arringa in difesa dei diritti del bambino. L'educatore non deve essere perfetto ma fare del proprio meglio. Dobbiamo essere consapevoli del fatto che il nostro obiettivo è aiutare ogni bambino e attraverso di lui aiutare tutta l'umanità a migliorarsi. Il segreto per riuscirci? Sicuramente questa semplice presa di coscienza unita alla più grande umiltà.

Essere, anziché avere.

1 Maria Montessori
(1870-1952)

Una delle prime donne medico in Europa

Maria Montessori nasce il 30 agosto 1870 a Chiaravalle, una cittadina in provincia di Ancona. Figlia unica di un padre funzionario, uomo austero, e di una madre proveniente da una famiglia di ricercatori. Per assicurare alla figlia una buona istruzione, i genitori si trasferiscono a Roma quando Maria ha quindici anni.

Contro il volere di tutti intraprende gli studi di medicina, all'epoca riservati quasi esclusivamente agli uomini. Maria deve lottare per ottenere autorizzazioni speciali. La sua è una corsa a ostacoli ma la giovane dà prova di grande tenacia e coraggio. La sera, dopo i corsi, si trova a eseguire dissezioni da sola poiché allora si riteneva indecente che una donna lo facesse in presenza di studenti maschi. Nel 1897 è una delle prime donne italiane a laurearsi in medicina.

Maria Montessori prosegue gli studi tra la Francia, l'Inghilterra e l'Italia, dedicandosi alla biologia, alla psicologia e alla filosofia. Lavora alla clinica psichiatrica di Roma con i bambini minorati psichici, ritenendoli bisognosi più di un aiuto pedagogico che medico. In numerose conferenze difende i loro diritti e la loro dignità. Lo Stato crea allora una scuola di ortofrenia (ramo della psicologia che si occupa dello sviluppo delle facoltà mentali) e ne affida la direzione a Maria Montessori, che si prende cura della maggior parte dei bambini cosiddetti "ritardati" di Roma. Li osserva senza sosta e si consacra al loro sviluppo. Vuole che siano più rispettati, stimolati e, di conseguenza, più attivi e sicuri di se stessi.

Maria Montessori si basa sui lavori di due medici francesi del XVIII secolo, Jean Itard e il suo discepolo Édouard Seguin. Jean Itard è noto per avere aiutato il celebre Victor, il ragazzo selvaggio dell'Aveyron, trovato in una foresta all'età di dieci anni, che viveva come un animale senza avere acquisito le caratteristiche della specie umana per la solitudine in cui era vissuto. La storia di Victor ha ispirato il film di François Truffaut *Il ragazzo selvaggio* (1969).

Il medico francese Édouard Seguin aveva realizzato un materiale pedagogico destinato ai bambini "ritardati". Maria Montessori prende spunto dagli studi di Itard e Seguin per proporre delle attività e lavorare con i bambini portatori di handicap. I loro progressi sono impressionanti, in particolare nell'ambito della scrittura e della lettura. Alcuni si presentano all'esame finale delle Scuole elementari e ottengono ottimi risultati. Il loro successo è per Maria una rivelazione. Decide allora di scoprire cosa può ostacolare il corretto sviluppo dei bambini senza handicap e vuole proporre loro il materiale pedagogico che ha elaborato. Si presenterà presto un'occasione…

La prima Casa dei bambini

Dopo quattro anni come docente all'Istituto Pedagogico dell'Università di Roma, dove lavora sulla storia dell'antropologia e sull'applicazione di tale disciplina in pedagogia, ha l'occasione di creare un centro per ospitare bambini non portatori di handicap mentali. Le vengono affidati minori fino ad allora abbandonati a loro stessi nel quartiere operaio di San Lorenzo. Nel gennaio 1907, Maria Montessori apre la prima Casa dei Bambini. Fa costruire mobili proporzionati all'altezza dei bambini, una cosa rivoluzionaria per quei tempi. Assume un'assistente con la quale si prende cura di una cinquantina di minori, offrendo loro il materiale pedagogico che aveva messo a punto per quelli portatori di handicap. In un'ottica di ricerca, Maria osserva lo sviluppo spontaneo dei bambini nell'ambiente che ha realizzato per loro. In una scuola che sembra più un laboratorio pedagogico, pur mantenendo un'atmosfera familiare, modifica il materiale in funzione delle proprie osservazioni e crea inoltre nuove attività. È sorpresa dalla capacità di concentrazione e di autodisciplina dei bambini. Le esperienze e le scoperte positive si moltiplicano. Vede che i bambini hanno bisogno di ordine, di scegliere liberamente le proprie attività, di poterle ripetere finché vogliono e per il numero di volte che desiderano perché ciò che cercano non è tanto l'attività in sé, quanto il suo fine. È così che esamina e scopre progressivamente una nuova pedagogia che chiamerà «scientifica», destinata a diventare «il metodo Montessori». Maria diceva sempre di non aver inventato nulla e di essersi limitata a osservare, come un'«interprete dei bambini», quanto loro le mostravano. Osservava inoltre che i bambini "portavano" a casa nuove abitudini di cura e di ordine e che sui balconi di quel quartiere popolare era spuntato il verde. Lo sviluppo psicologico armonioso dei bambini si rifletteva sull'ambiente che li circondava.

La diffusione delle scuole e la notorietà

I progressi dei bambini di cui si occupa sono così sorprendenti da attirare l'attenzione della stampa internazionale. Vengono da ogni parte del mondo per visitare la nuova scuola! Una seconda Casa dei bambini viene aperta in un altro quartiere povero di Roma. Maria Montessori ha raggiunto ormai una fama mondiale. Scrive libri su temi di pedagogia, sul bambino e il suo sviluppo. Parla di autoeducazione. Tutti vogliono conoscere il suo metodo. Ma non lo è. È invece un approccio, un atteggiamento mentale. Per trasmetterlo e per rispondere alle insistenti richieste di una formazione, nel 1909 Maria Montessori crea un corso di preparazione per gli educatori di bambini da 3 a 6 anni, e un altro per quelli da 6 a 12 anni. Dal 1913 i corsi hanno una diffusione internazionale. Il loro obiettivo è la promozione del metodo Montessori, rispettandone rigorosamente i principi fondanti: l'importante è cambiare il modo in cui guardiamo i bambini, e ciò richiede un cambiamento interiore e un approccio improntato all'umiltà.

Il numero delle scuole si moltiplica grazie alla formazione di molti educatori in tutto il mondo. Il folgorante sviluppo è però interrotto dallo scoppio della guerra nel 1914. Maria Montessori si trasferisce negli Stati Uniti dove sono già sorte molte scuole (un centinaio in pochi anni). Viaggia regolarmente in Europa dove contribuisce alla creazione di movimenti pedagogici e dove fa ritorno all'indomani del conflitto, incoraggiando l'apertura di un grande numero di istituti ispirati alla sua pedagogia. Dà conferenze e anima corsi di formazione in molti paesi, preparando quasi cinquemila educatori. Desidera che la diffusione del proprio metodo avvenga nel rispetto di alcuni principi fondamentali e crea, a tal fine, l'Association Montessori International (AMI) il cui obiettivo è tutelare e promuovere la sua pedagogia. L'Associazione è tuttora molto attiva e affiancata da associazioni nazionali, come la francese AMF. I dati di queste e di altre associazioni sono riportati in Appendice di questo volume.

Con l'avvento del fascismo, Maria Montessori non accetta il nuovo clima totalitario e decide di lasciare il paese. Mussolini, che nutriva ammirazione per lei, si offende e chiude tutte le sue scuole. Maria Montessori si stabilisce in Spagna per poi andare in Olanda quando Franco sale al potere.

Dal 1939 al 1945 fugge nuovamente dalla guerra e si trasferisce in India, a Madras. Crea numerose scuole e incontra Nehru, Tagore e Gandhi con i quali stringe legami di amicizia. In questa fase della sua esistenza sviluppa un interesse sempre maggiore per la vita intrauterina e i neonati. Maria insiste sul fatto che la Pace con la "P" maiuscola germoglia meglio se il suo seme è piantato nei bambini sin dall'inizio della loro esistenza. La relazione tra gli adulti e i neonati ma anche la relazione tra i bambini, nella famiglia, nel vicinato e nella classe, condizionano la natura delle relazioni degli adulti di domani. È per questo che i primi anni di vita sono così preziosi.

Di ritorno in Italia dopo la guerra, Maria Montessori riprende la formazione degli educatori e riapre le sue scuole su richiesta del governo. Pubblica nuovi libri e continua la sua crociata per la pace. «Instaurare una pace duratura è lo scopo stesso dell'educazione», aveva scritto qualche anno prima ne *La pace e l'educazione*. Tra il 1949 e il 1951 per ben tre volte è fatto il suo nome per il Premio Nobel, è accolta all'Unesco con grandi onori e viene insignita della Légion d'honneur.

Maria Montessori si stabilisce definitivamente in Olanda, accanto al figlio Mario che lì si sposa e fonda una famiglia. In quel periodo, verso la fine della sua vita, Maria Montessori sviluppa un particolare interesse per i bam-

bini molto piccoli, osservando i nipotini con i quali vive. Aveva già osservato a lungo la prima infanzia negli anni trascorsi in India. In collaborazione con Adele Costa Gnocchi e Gianna Gobbi, due assistenti alle quali aveva trasmesso l'idea di aiuto allo sviluppo dei bambini nei loro primi mesi di vita, Maria Montessori crea uno spazio adeguato ai bambini fino ai diciotto mesi, che chiama "nido" e un altro per quelli tra un anno e mezzo e i tre anni, che prende il nome di "comunità infantile".

Maria Montessori muore a Noordwijk, nei Paesi Bassi, il 6 maggio 1952, all'età di ottantadue anni. Lascia in eredità un nuovo sistema educativo al quale tutt'oggi ci ispiriamo. Suo figlio, Mario Montessori, è stato presidente dell'associazione AMI fino al 1985.

Maria Montessori si è inoltre battuta per il miglioramento della condizione delle donne e dei lavoratori. È stata l'avvocato dei bambini e ha denunciato il lavoro minorile. Era una donna decisamente all'avanguardia per i suoi tempi. Nel 2007 le scuole Montessori in tutto il mondo hanno celebrato il centenario dell'apertura della prima Casa dei bambini.

Montessori oggi

Esistono oggi più di 30.000 scuole Montessori nel mondo, distribuite in più di cinquanta paesi. In Francia se ne contano più di 150 oltre ai numerosi progetti per crearne altre. Molto poco rispetto ai nostri vicini europei come l'Italia, l'Inghilterra, la Germania, la Scandinavia e l'Olanda, dove ci sono addirittura delle scuole Montessoriane che ricevono finanziamenti pubblici. Lo stesso vale per l'India dove ce ne sono a migliaia, per il Giappone e per l'America del Nord. È anche una pedagogia molto frequentata dalle famiglie che praticano il sistema della "scuola in casa".

Ai nostri giorni sono state effettuate ricerche nell'ambito delle neuroscienze e della psicologia cognitiva che hanno dato conferma delle scoperte di Maria Montessori. Tra queste possiamo citare lo studio di Angeline Stoll Lillard, ricercatrice americana nonché professoressa di psicologia all'università della Virginia, che ha studiato i metodi Montessori per più di venti anni. Nel suo libro, *Montessori, the Science Behind the Genius*, pubblicato nel 2005, Stoll Lillard presenta le ricerche scientifiche che hanno convalidato i principi montessoriani. In Francia, Stanislas Dehaene, neuroscienziato e professore di psicologia cognitiva al Collège de France, ha prestato molta attenzione all'esperimento di una classe Montessori inserita in una scuola materna di un quartiere disagiato alle porte di Parigi, tra il 2011 e il 2014.

Alcuni test effettuati da un laboratorio del CNRS (Centre National de la Recherche Scientifique) hanno dimostrato che i bambini che avevano beneficiato di questa esperienza positiva, possedevano una capacità di ragionamento superiore allo standard nazionale. L'esperienza ha dimostrato il proprio valore. Per quanto rassicurante possa essere dimostrare l'efficacia di tale pedagogia, lo scopo di questo approccio non è mettere i bambini in grado di essere "più avanti» rispetto agli altri, ma di essere autonomi, adeguati, soddisfatti nella loro sete di imparare e, di conseguenza, realizzati come individui e come parte di una comunità. Ciò favorisce l'uguaglianza delle opportunità. La pedagogia Montessori mira a diffondersi nelle case, nelle scuole e negli asili nido pubblici. Sarebbe una cosa buona per tutti.

Una donna da ricordare

Maria Montessori era una donna all'avanguardia, profonda, votata alla causa dell'infanzia. All'inizio ha creato scuole per i bambini in difficoltà, portatori di handicap mentali o emarginati. Poi ha prodigato le sue cure a tutti i bambini. Contrariamente a quanto talvolta si pensa, Maria Montessori non ha concepito un approccio riservato ai ricchi, ai bambini prodigio o ai bambini in stato di disagio. La sua pedagogia si rivolge a tutti e si batte per la realizzazione di ogni individuo e per l'educazione alla pace.

Breve storia e grande missione dei Centri Nascita

Odile Anot, presidente del Centro Nascita Montessori del Nord e la sua rete di genitori ricercatori.

Maria Montessori nutriva un forte interesse per la vita umana sin dai suoi inizi. Ne ha rilevato l'importanza osservando il periodo tra 0 e 3 anni e le «sue specifiche caratteristiche». Maria desiderava profondamente offrire agli assistenti, ma anche ai genitori, spazi di osservazione, di riflessione e di apprendimento. «È un periodo molto importante per un buon inizio nella vita ed è pericoloso privilegiarne soltanto l'aspetto biologico»[1]. Nel 1946, Maria Montessori affidò il suo progetto di sensibilizzazione sull'importanza dei primi anni di vita ad Adele Costa Gnocchi. Allieva del suo primo corso (1909), Adele era anche «una delle sue discepole più acute e di larghe vedute». Adele si dimostrò immediatamente interessata al progetto avendo già fatto un'esperienza originale dell'accoglienza dei piccoli. Creò la Scuola Assistenti Infanzia per preparare giovani operatrici all'accoglienza dei bambini e al rispetto della relazione genitore-bambino sin dalla nascita. Ne aprì inseguito un'altra per i bambini nei loro primi anni di vita, offrendo aiuto ai genitori che ne avevano necessità. Accadeva così che le assistenti alla nascita non esitassero a recarsi personalmente dalle famiglie per cercare di capire le cause di alcuni problemi e guidare i genitori nell'osservazione del bambino. Sulla scorta di tale esperienza, nel 1947 nacque a Roma un Centro Nascita Montessori (CNM). Tra le altre iniziative, il centro si occupava del controllo dei luoghi in cui venivano accolti i bambini e di offrire formazioni e aggiornamenti alle assistenti diplomate e ai genitori. Tuttora attivo, il Centro Nascita Montessori acquisì una veste ufficiale come ente con personalità giuridica riconosciuta nel 1961. Se dobbiamo fare il nome di un grande testimone di questa storia è quello di Grazia Honegger Fresco, allieva di Adele Costa Gnocchi. La Honegger Fresco, membro onorario dell'AMF, esplica il suo incondizionato impegno a favore del bambino con la diffusione dell'opera Montessori per la prima infanzia in un istituto nel Nord d'Italia, ma anche con la rivista da lei diretta *Il Quaderno Montessori*.

In Italia

Informazioni sui Centri Nascita in Italia si possono trovare al sito www.centronascitamontessori.it

Ogni centro, con le proprie attività, insegna ai genitori e agli educatori a osservare il bambino nel suo sviluppo e nello studio dell'ambiente che lo circonda.

In questo modo «l'educazione dalla nascita diviene un aiuto alla vita», proprio come intendeva Maria Montessori.

[1] G. Honegger Fresco, a cura di, *L'esperienza del Centro Nascita Montessori*, in *Montessori perché no? Una pedagogia per la crescita. Che cosa ne è oggi della proposta pedagogica di Maria Montessori in Italia e nel mondo?*, Franco Angeli, Milano 2000, p. 98.

2 Lo sviluppo del bambino tra 0 e 3 anni

Lo sviluppo del bambino non è lineare. Si compie per balzi in avanti. Maria Montessori ha distinto quattro periodi di crescita che ha chiamato «piani di sviluppo»:

- la prima infanzia, da 0 a 6 anni;
- la seconda infanzia, da 6 a 12 anni;
- l'adolescenza, da 12 a 18 anni;
- la maturità, da 18 a 24 anni.

Alla soglia di ognuno di questi periodi c'è un nuovo bambino con nuove necessità descritte nel volume *Apprends-moi à faire seul. La pédagogie Montessori expliquée aux parents*.[1] Ci soffermeremo qui sul periodo della prima infanzia e, più esattamente, sulla sua prima metà, quella da 0 a 3 anni. Questa fase dello sviluppo è di fondamentale importanza poiché condiziona tutta la vita della persona. Anche se alcuni si mostrano scettici al riguardo, il bambino ha un'intensa vita psichica, sin dalla nascita e addirittura anche prima! Prenderne coscienza è decisivo per il suo avvenire perché più ci prendiamo cura della sua vita psichica, allo stesso modo in cui ci prendiamo cura del suo sviluppo fisico, più questa sarà positiva nel lungo termine. La qualità della relazione del bambino con l'ambiente che lo circonda, quando la sua vita è appena iniziata, ha delle ripercussioni:

> **«Egli è ora fuori dal corpo materno, ma tutto rimane lo stesso e una comunicazione esiste sempre tra loro»**
> Maria Montessori[2]

- psicologiche, sulla relazione che avrà con il mondo;
- fisiche, sul suo sviluppo corporeo;
- psichiche, sullo sviluppo della sua intelligenza.

Nei nove mesi che trascorre nella pancia della mamma, il bambino vive in simbiosi con lei e poi, improvvisamente, nasce. È per lui un cambiamento di ambiente. Da un mondo passa a un altro. Da un mondo di acqua passa a un mondo di aria. Tutte le percezioni subiscono un cambiamento. La

[1] C. Poussin, *Apprends-moi à faire seul. La pédagogie Montessori expliquée aux parents*, Eyrolles, Paris 2011.
[2] M. Montessori *La mente del bambino. Mente assorbente* (1952) Garzanti, Milano 1992, p. 102 (I edizione inglese *The absorbent mind*, 1949).

percezione della luce, dei suoni, dei contatti fisici. Ogni cosa è più diretta, più intensa. Nel grembo materno tutto era soffuso, filtrato. Con la nascita, il piccolo deve abbandonare una certa passività. Adesso per vivere, per nutrirsi e per respirare gli è necessario essere attivo. Non è più il corpo della madre a farsene carico. Il bambino non è più un «tutt'uno» con lei. Tuttavia, «egli è ora fuori dal corpo materno, ma tutto rimane lo stesso e una comunicazione esiste sempre tra loro».[3]

Gli saranno necessari anni per costruirsi come persona. La sua identità prende forma a poco a poco fino al giorno in cui, verso i 3 anni, dice «io», «me». Dai 3 ai 6 anni l'identità si consolida. La persona si costruisce. Il bambino alla nascita è molto vulnerabile e dipendente. Ma è già una persona a pieno titolo e ha un compito da svolgere: costruirsi! È il protagonista del proprio sviluppo. Impara incessantemente, interagendo con gli altri e con il contesto che lo circonda. Attraverso l'esperienza sensoriale sviluppa la sua intelligenza. È il momento in cui organizza il movimento, il linguaggio, le sensazioni e le percezioni. Si struttura come individuo ma anche come essere sociale, adottando tutte le caratteristiche del suo ambiente e del suo tempo.

Maria Montessori affermava l'esistenza di tre periodi embrionali:

- l'embrione fisico prima della nascita;
- l'embrione psichico o «spirituale» dalla nascita ai 3 anni;
- l'embrione sociale dai 3 ai 6 anni.

Il periodo di costruzione psichica, dalla nascita ai 3 anni, era ritenuto da Maria Montessori il più importante per il corretto sviluppo del bambino. È il periodo delle connessioni neurali (le sinapsi), che avvengono grazie all'interazione con il mondo esterno al momento della mielinizzazione delle cellule cerebrali (processo di formazione di una guaina isolante intorno ad alcune fibre nervose con una sostanza, la mielina, costituita da lipidi e proteine). Le immagini del mondo si imprimono nel cervello attraverso le esperienze dei sensi che sono chiavi di lettura del contesto circostante. Il processo sinaptico pone le basi della costruzione dell'intelligenza. È dunque importante in quel

[3] *Ibidem*.

momento nutrire la mente e stimolare una collaborazione tra i due emisferi del cervello. L'emisfero sinistro è preposto al linguaggio, a precisi movimenti, alla logica, alla matematica e all'analisi. L'emisfero destro è preposto invece alle espressioni del viso, al movimento del corpo, al controllo dei muscoli, all'intuizione, alle immagini, al disegno e al canto. Il periodo dalla nascita ai 3 anni, determinante per il bambino e per l'adulto che sarà, si rivela piuttosto delicato per l'adulto che sta al suo fianco. Per quanto lo ami e desideri per lui quanto di meglio, l'adulto talvolta trova difficile adattare il proprio stile di vita a quello del figlio appena nato. Il bambino da 0 a 3 anni e l'adulto hanno ritmi biologici molto diversi. L'adulto tende ad adattare quello del bambino al suo per dormire e disporre del proprio tempo come prima. Anche le modalità di comunicazione del bambino e dell'adulto sono molto diverse. Il bambino ha molte necessità che esprime... a modo suo! E l'adulto qualche volta ha difficoltà a decifrarle anche se ci mette tutta la buona volontà di questo mondo. Usa il linguaggio parlato per comunicare con il bambino ma parla senza la certezza di essere capito.

L'evoluzione della nostra società ha allontanato i genitori dai loro stessi genitori quando questi ultimi potrebbero essere invece una buona guida. I nostri stili di vita hanno reso i nostri comportamenti genitoriali meno istintivi. Eppure sarebbe auspicabile che il genitore seguisse il proprio istinto. È necessario in particolare restituire tutto il suo valore all'istinto materno. L'intuito di una madre, se lo segue, le consente di comprendere i bisogni del suo bambino. Lo avvolge allora spontaneamente con un velo protettivo e accompagna il suo sviluppo in modo naturale. Più la madre cerca di decifrare il linguaggio del bambino e di rispettarlo, migliore è la qualità della loro relazione. La prima infanzia è certamente un periodo delicato, ma più e meglio ci consacriamo come genitori, in altre parole, più ci rendiamo disponibili a concentrarci sui bisogni del bambino piuttosto che sui nostri, più le cose andranno per il meglio. Più ci occupiamo del bambino, più lui sarà partecipativo nella relazione che diventa allora più semplice, fonte di gioia e di soddisfazione reciproca, a favore del buon sviluppo del bambino secondo i suoi ritmi. È sulla prima infanzia che si regge la fiducia di base, garanzia dell'equilibrio psicologico a lungo termine.

Le fasi dello sviluppo da 0 a 3 anni

Conoscere in anticipo la sequenza delle diverse fasi dello sviluppo tra 0 e 3 anni permette un migliore accompagnamento del bambino. Di tutta la vita, questo è il periodo che conta il maggior numero di cambiamenti. Eccone una breve descrizione. Certo, l'età delle acquisizioni varia da bambino a bambino e quelle indicate qui di seguito sono soltanto delle indicazioni.

Prima della nascita

Parliamo spesso della nascita come del primo giorno della vita di un essere umano. Eppure, se consideriamo che la vita comincia dal concepimento, il primo capitolo della sua storia si è aperto già da 270 giorni. Possiamo fare riferimento ai numerosi libri e siti internet che descrivono gli stadi della vita intrauterina per seguire l'evoluzione del bambino nelle settimane che vive nel ventre materno. Tutto ciò alimenta il contatto che si è appena intessuto tra la mamma e la nuova persona che è suo figlio. Questo esserino sviluppa i suoi sensi: l'odorato (dal secondo mese), il gusto (dal 3 mese), l'udito (tra il secondo e il quinto mese, grazie ai rumori interni ed esterni) la vista (con la capacità di distinguere il giorno e la notte, dal quarto mese) e il tatto. Nella vita intrauterina si attivano i cinque sensi, in particolare il tatto che consente di entrare in contatto con il bambino durante la gestazione. Dal quarto mese, se viene esercitata una leggera pressione sul ventre da una mano che cerca la relazione, il bambino risponde e vi si raggomitola. Niente è più emozionante di questo primo scambio.

Il bambino è già sensibile all'attenzione che gli è riservata nel periodo di crescita in seno alla madre di cui avverte le tensioni e i momenti di benessere. La relazione con la madre è costante, una relazione davvero intima. Sente l'affetto e l'amore che gli sono dimostrati e ha bisogno di questa benevola attenzione per svilupparsi serenamente. In grembo a sua madre, è già un essere che interagisce. Le prime relazioni intessute nella vita intrauterina

sono quelle con l'ambiente che lo circonda e, in particolare, con i suoi genitori. Il legame con la madre sembra scontato ma la sua intensità dipende da quanto la madre si mostra disponibile. La madre può essere più o meno presente con il suo bambino. Poiché il corretto sviluppo del bambino è subordinato alla qualità delle sue prime relazioni, la pratica dell'aptonomia può essere un'ottima occasione per alimentare la crescente relazione tra il bambino e i suoi genitori. L'aptonomia è una scienza dell'affettività, una pratica che consiste nell'entrare in relazione attraverso il tatto, il contatto affettivo, psicologico. Nel caso del bambino *in utero*, tramite il tatto, si instaura un contatto e una concreta comunicazione con lui. Viene così a stabilirsi una relazione che non dirige ma guida, accompagna, sostiene. Il termine «aptonomia» deriva dalle parole greche *aptein* che significa tocca-

L'aptonomia, scienza dell'affettività

Il testo è estratto dal sito internet del Centre International de recherche et de développement de l'haptonomie (CIRDH)

La natura della relazione affettiva che si stabilisce durante l'accompagnamento (aptonomico) tra il padre, la madre e il bambino, contribuisce allo sviluppo del senso di genitorialità, di responsabilità affettiva nei confronti del modo di essere del figlio. I genitori scoprono che possono sostenerlo nel suo sviluppo fisico, psichico e affettivo, lasciandogli allo stesso tempo uno spazio tutto suo. Molto prima della nascita gli consentono di prendere l'iniziativa nella relazione. Si creano così le basi di una relazione educativa orientata verso l'autonomia.

[...] Si stabilisce dunque una relazione affettiva che già prima della nascita offre al bambino un senso di individualità e di sicurezza essenziali per la realizzazione di sé.

L'accompagnamento prenatale non può essere assimilato a una tecnica, a dei «gesti». È una preparazione all'accoglienza del bambino che è accompagnato, guidato e sostenuto dal padre e dalla madre nel periodo di vita nel grembo materno e durante il parto.

Benché non riducibile a una preparazione al parto, l'accompagnamento lo aiuta favorendone un decorso naturale. Lo scopo dell'aptonomia è l'integralità della persona. La vita affettiva, sentimenti ed emozioni, si manifesta a livello della corporalità animata. In particolare, la sensazione di benessere, di interezza dell'essere si accompagna, sul piano fisico, a un tono muscolare specifico – sodo ed elastico – e a una rilassatezza dei legamenti che facilitano il parto. Tale condizione fisica non è il risultato di una tecnica o di esercizi ma dell'effetto liberatorio della relazione affettiva rassicurante.

L'accompagnamento della relazione affettiva tra il bambino e i genitori non si interrompe al momento della nascita. Vivere una rottura delle modalità di relazione affettiva sarebbe causa di una frustrazione dannosa per il bambino. Dopo il parto il bambino deve essere accompagnato secondo specifiche modalità [...].

La presenza del padre nell'accompagnamento pre e post-natale è fondamentale per un triplice aspetto:

- Permette al padre di prendere immediatamente il proprio posto nella relazione triangolare affettiva padre-madre-bambino. Tutti e tre ne traggono uguale soddisfazione.
- È il padre la risorsa affettiva della madre. La sostiene, l'accoglie durante la gravidanza e il parto.
- Al momento del parto, svolge un ruolo importante nell'incontro del bambino con il mondo esterno. Se l'accompagnamento non può svolgersi in presenza del padre – per assoluta impossibilità – quest'ultimo deve essere sostituito da una persona vicina alla madre.

Oltre al personale abilitato alla pratica dell'accompagnamento aptonomico, ci sono ginecologi, ostetriche e levatrici provvisti di qualifica per eseguire parti secondo la modalità aptonomica.

re, anche in senso affettivo, e *nomos* che significa «regola, legge, norma». Questo approccio è stato inventato da Frans Veldman, ricercatore olandese di scienze della vita, dopo la Seconda Guerra mondiale e presentata nel suo libro *Haptonomie: science de l'affectivité*.[4] Più che una preparazione al parto, l'aptonomia è un approccio che permette di sviluppare il legame e la tenerezza tra il bambino e i suoi genitori nel periodo prenatale. I bambini che hanno vissuto con i genitori l'esperienza dell'aptonomia spesso dimostrano una grande disponibilità. Sono aperti e socievoli. Sono curiosi e temerari, sensibili a tutto ciò che li circonda. Sviluppano così una fiducia e una sicurezza di base che li rende duttili, autonomi e sereni.

La nascita

Al momento del parto le madri sono al centro della nostra attenzione ma l'avventura che vive il bambino è altrettanto grande, se non addirittura di più. Il bambino cambia habitat e condizione. Maria Montessori descriveva la nascita come crisi e brusco cambiamento per il neonato che in brevissimo tempo da un ambiente ovattato passa a un ambiente vivo, da una condizione passiva alla necessità di fare uno sforzo costante. Montessori parlava di «cambiamento spaventoso» e di avventura paragonabile al passaggio dalla Terra alla Luna. Riteneva che la nascita fosse un momento più difficile per il piccolo che per sua madre, la quale doveva invece mettersi prima di tutto nei panni del figlio. Il nostro ruolo di adulti consiste perciò nel moltiplicare «cure attente» per assicurare al bambino il migliore svolgimento possibile della nascita. È necessario perciò lottare contro il nostro istinto autoprotettivo che ci spinge alla salvaguardia sebbene, ovviamente, ciò non significhi votarsi al totale sacrificio! È altrettanto importante riflettere sul modo in cui ci prendiamo cura dell'igiene del bambino che deve essere toccato con la più grande delicatezza e il meno possibile perché ha molto più bisogno di contatto e di latte che di essere pesato, visitato e pulito. In molti paesi il bambino non fa il suo primo bagnetto appena nato e non è un caso. Il nostro ruolo è fare in modo che «il passaggio» sia vissuto dal piccolo il più serenamente possibile.

[4] F. Veldman, *Haptonomie: science de l'affectivité*, Presses Universitaires de France, Paris 2007 (titolo originale: *Haptonomie: Wetenschap van de Affectiviteit*, Uitgeverij Bijleveld, Utrecht 1987).

Al momento del parto, concentrandosi sul piccolo e sulle sue necessità, su ciò che vive, sulla sofferenza che forse prova, in ogni caso, sullo sforzo che sta compiendo, invece che concentrarsi sulla sofferenza della madre, tutto assume un'altra dimensione. Oltre al benefico effetto sul bambino che sente l'accompagnamento psicologico, la madre prende le distanze da se stessa e dal dolore. Quest'ultimo si attenua. Posso dirlo perché l'ho vissuto.

Una volta nato, il bambino è molto sensibile al calore della nostra accoglienza. La cosa migliore è non avere fretta di tagliare il cordone e posare invece il neonato pelle a pelle sul cuore della mamma che lo circonda con tutto il suo amore. Il neonato ha una reazione istintiva di succhiare che dura per un po'. Se desideriamo allattarlo, l'ideale è attaccarlo subito al seno.

La delicatezza dei gesti permette di alleviare lo shock del cambiamento. Possiamo preparare un ambiente calmo, con luci e rumori soffusi. Il luogo del parto può essere sistemato come un guscio che dia continuità a quello che il bambino ha appena lasciato per sempre. Organizziamo un tempo speciale, un'anticamera, una camera stagna tra due atmosfere perché la transizione sia la più serena possibile. Facciamo in modo che il bambino non soffra dell'effetto di rottura. Il parto può essere vissuto come un momento privilegiato della relazione tra il bambino e i genitori. L'aptonomia vi contribuisce molto. Al momento del parto, invece di pensare a respirare o a qualsiasi altra tecnica, dobbiamo essere interamente presenti nella relazione che già esiste con il bambino, una relazione che è parte di quella triangolare padre-madre-bambino. Durante il parto, la continuità dell'intenso rapporto madre-figlio favorisce lo sviluppo della loro relazione. Sentendo l'odore della mamma, udendo la sua la voce e i battiti del suo cuore che riconosce tra mille, sentendone il contatto della pelle, il bambino si ritrova nonostante il radicale cambiamento che ha appena vissuto. Ritrova i suoi punti di riferimento. Il calore, il latte, il contatto... tutte esperienze positive che sin dall'inizio gli ispirano fiducia nel suo nuovo modo di vivere. L'unità madre-bambino sembra scontata prima del parto, ma deve essere ricostruita una volta che il bambino è nato. La separazione fisica dà origine, è il caso di dirlo, a un nuovo tipo di attaccamento. Un attaccamento più psicologico. Tale legame dà al bambino una grande sicurezza.

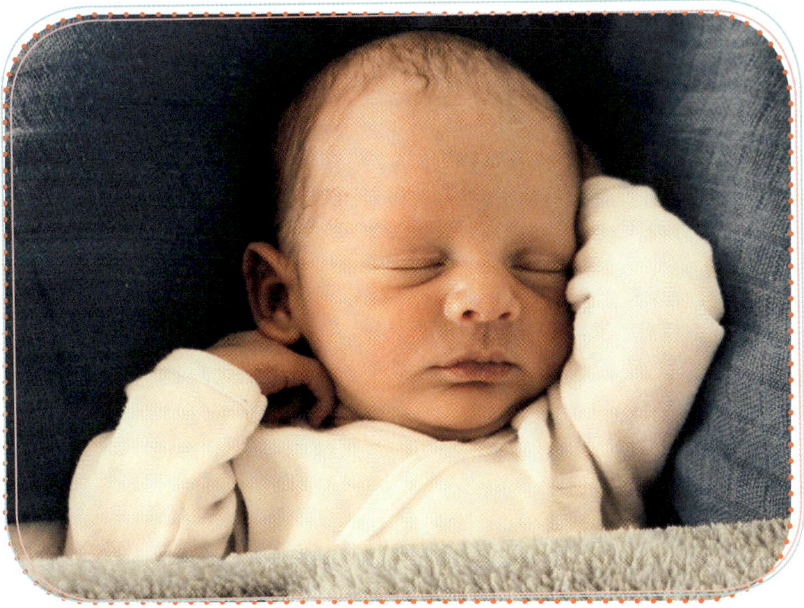

Nelle conferenze tenute a Londra nel 1946, Maria Montessori caldeggiava la specializzazione dei professionisti nell'accoglienza dei neonati che era necessario aiutare ad adattarsi al loro nuovo ambiente. Montessori consigliava una preparazione studiata a fondo per una sempre migliore accoglienza della vita perché non si trattava soltanto di cure mediche di cui il bambino aveva certamente bisogno ma anche e soprattutto di cure spirituali, anche se l'igiene era indispensabile. Diceva che «la nascita deve essere considerata come un momento di suprema importanza nella vita di un essere umano».[5] Nascere è la prima esperienza di separazione del bambino. Meglio si svolge e meglio saranno vissute le future separazioni che costellano la vita. Non è una questione di determinismo. E non è per un parto difficile che il bambino è destinato a sviluppare quella che chiamiamo angoscia da separazione. Significa soltanto che, qualunque cosa accada, possiamo sempre mitigare la durezza della separazione, durante il

[5] M.Montessori, *The 1946 London Lectures*, Montessori-Pierson Publishing House, Laren 2012.

parto e nei giorni che seguono, allontanando il meno possibile il bambino dalla madre perché egli possa contare su dei suoi punti di riferimento (voce, battiti del cuore, odori ecc.) che, sebbene percepiti in modo diverso, rimangono identici e lo rassicurano.

La qualità delle cure e della relazione in questa fase significativa alimenta la fiducia in sé e la fiducia nella vita. Cerchiamo di trarre ispirazione dal fatto che nascita e conoscenza sono parole che appartengono alla stessa famiglia! Conoscere è «nascere con».[6]

«La nascita deve essere considerata come un momento di suprema importanza nella vita di un essere umano»
Maria Montessori[7]

«Oltre alle precauzioni igieniche e alla necessaria protezione, la madre e il bambino si dovrebbero considerare come due organi di uno stesso corpo, ancora vitalmente connessi dal magnetismo animale, che hanno bisogno per un certo tempo di isolamento e di attente cure sotto ogni aspetto. [...] Superata questa prima fase, il bambino si adatta facilmente al mondo in cui è entrato»
Maria Montessori[8]

[6] In francese esiste una consonanza tra *naissance* e *connaissance* (*N.d.T*).
[7] M.Montessori, *The 1946 London Lectures*, cit.
[8] Id., *Educazione per un mondo nuovo*, Garzanti, Milano 2000, p. 66 (I edizione inglese dal titolo *Education for a new World*, 1947).

Testimonianza
personale sui primi giorni dopo il parto

Per quanto mi riguarda non ho mai voluto lasciare i miei figli nella nursery della maternità per riposarmi. Mi sono sempre detta che avevo tutto il resto della mia vita per recuperare e che il mio piccolo aveva più bisogno di me di quanto ne avessi io di riposarmi. All'inizio ricevevo la visita solo dei parenti stretti, i soli VIP cui era permesso entrare nella sfera magica che si forma intorno a un bambino e ai suoi genitori i primi giorni. Tutto doveva ruotare intorno a lui e alla sua necessità di sonno, di latte, di coccole, di calma, di luce soffusa, di calore, di rumori attutiti, di cure...Creavo un nido accogliente, consacrandomi interamente all'allattamento e alla meraviglia!
In quanto al parto, facevo inoltre la scelta più naturale possibile. Alcune donne optano addirittura per il parto in casa. Non nel caso mio perché sono consapevole che per quanto naturale sia l'atto di mettere al mondo un figlio, quando si presentano dei problemi diventa rapidamente un atto medico che necessita la presenza di esperti. Ne ho fatto esperienza quando ho partorito il mio quinto figlio. Il parto è stato molto rischioso per lui e per me. Dopo un parto cesareo programmato, siamo stati bruscamente separati perché il bambino non riusciva a respirare. È stato addirittura portato per quattro giorni in rianimazione in un ospedale a quindici chilometri di distanza. Lo hanno curato molto bene. Sono riconoscente a tutto il personale medico che lo ha assistito. Grazie all'aiuto delle *équipe* e della mia famiglia sono state predisposte molte cose per evitare l'interruzione del legame madre-bambino. Dei convogli speciali di latte materno, due volte al giorno, grazie a mio marito, diventato «Milk Man», e al suo scooter! Ma anche odori, registrazioni, foto, sussurri, musica, respiri, oggetti, oltre una visita quotidiana in ambulanza, ci hanno permesso di «restare insieme» nonostante la distanza. Ci prendevamo cura di spiegare al bambino quello che stava succedendo, raccontandogli i fatti ed esprimendogli il nostro amore, convinti che capisse quanto gli dicevamo. Hanno fatto seguito sei giorni di degenza in ospedale che ci hanno permesso di vederci di più. Potevamo persino cominciare a prendere il bambino tra le braccia. Mi è sembrato che fossimo riusciti a gestire nel modo migliore l'allontanamento forzato e la simbiosi ha continuato il suo corso fino a quando è diminuita naturalmente e positivamente diversi mesi più tardi. Nonostante le difficoltà, possiamo fare del nostro meglio per provvedere al bambino e prestare la massima attenzione a tutto ciò che prova, in particolare dopo il parto, perché è fondamentale prendersi cura della sua vita psichica anche, e soprattutto, quando c'è un problema di salute.

Da 0 a 2 mesi

Nelle prime sei settimane il neonato è in simbiosi con i suoi genitori, in particolare con la sua mamma. È il periodo in cui si rafforza l'attaccamento. Il bambino dipende dai genitori e dalle cure che loro gli prodigano. Sollecita la loro attenzione grazie al suo kit di sopravvivenza: saper piangere e saper poppare! Vive d'amore e di latte. In questo periodo, la ripetizione di esperienze positive assicura la buona integrazione tra il corpo e la mente del piccolo che si fida dell'ambiente che lo circonda perché sente che le persone possono soddisfare le sue necessità. Questo lo rende ottimista! Nel periodo simbiotico la qualità del legame apre la strada a un distacco spontaneo e ben vissuto sia dalla madre che dal bambino. La dottoressa Silvana Quattrocchi Montanaro, che lavorava con Adele Costa Gnocchi, una delle prime allieve di Maria Montessori, ha affermato che il bambino vive una nascita psicologica dalle sei alle otto settimane dopo la nascita fisica. Affermava, inoltre, che la presenza paterna è una straordinaria barriera protettiva contro il prolungamento eccessivo del periodo simbiotico.

Dal punto di vista motorio, il piccino non è ancora molto tonico. Se gli mettiamo il dito nel palmo della mano ha comunque il riflesso di afferrarlo. Benché poco percettibile, a una o due settimane è capace di orientare la mano verso un oggetto che gli viene mostrato. È il momento in cui inizia a fissare lo sguardo. Non emette ancora suoni in senso stretto ma piange: è la sola modalità di comunicazione di cui dispone per esprimere i propri bisogni. Riconosce la voce dei familiari, in particolare quella della mamma. Ne riconosce già la melodia del linguaggio e distingue la voce umana da altri tipi di rumore. È molto ricettivo agli stimoli sonori perché il suo udito ha cominciato a essere attivo già prima della nascita. Il gusto e l'olfatto sono già ben sviluppati e svolgono un ruolo importante nel rapporto con il contesto che lo circonda. Il senso del tatto è altrettanto importante sin dai primi minuti di vita e il contatto corporeo essenziale. La pelle del piccolino è sensibile al calore e alle carezze, in particolare a pelle nuda. Niente è come un massaggio o una carezza per tranquillizzare il bambino.

La vista, invece, è il senso meno sviluppato alla nascita. Sin dai primi istanti, il bambino distingue comunque l'oscurità dalla luce e se passiamo dall'una all'altra reagisce con intensità. La sua visione è ancora annebbiata benché a tre settimane circa sia capace di seguire un oggetto posto davanti a lui. Poco a poco diventa anche capace di seguire un oggetto che si sposta orizzontalmente. Il suo campo visivo è piuttosto ristretto. Non ha una visione chiara oltre i trenta centimetri ma esercita le proprie capacità visive cercando cose da osservare. Guardando il bambino sviluppa progressivamente la vista e la precisione delle proprie percezioni visive. In questa fase è per lui più facile osservare ciò che è immobile. È particolarmente attratto dal volto umano e dagli oggetti con contrasti rilevanti. Occorre perciò guardarlo spesso negli occhi e proporgli in quel momento di guardare immagini semplici in bianco e nero.

I sensi del bambino sono perciò svegli e ricettivi sin dai primi giorni e lo stesso vale per la sua vita psichica. C'è del resto un'interdipendenza costante tra le sue esperienze sensoriali e il suo sviluppo psichico dato che le sue connessioni neurali, le sinapsi, si sviluppano facendo esperienze. Il cervello del neonato possiede cento miliardi di cellule che si connettono le une con le altre per effetto degli stimoli che gli provengono dall'esterno. Spesso pensiamo che il bambino sia troppo piccolo per concentrarsi ma, in realtà, è già in grado di focalizzare la propria attenzione. Dorme tra le diciotto e le venti ore al giorno. Durante il sonno seleziona e organizza tutte le percezioni accumulate mentre era sveglio. Per questa ragione ha necessità di dormire tanto e non si deve, per quanto possibile, interrompere il suo sonno. Poiché all'inizio della sua vita, passa molto tempo a dormire, gliene resta poco per la relazione con chi gli sta vicino. Approfittiamo allora dei momenti in cui è sveglio, quando è disponibile e ricettivo, per comunicare con lui. Più siamo presenti e disponibili, più il legame è forte. Ciò contribuisce alla realizzazione del bambino, che moltiplicando i contatti e le esperienze positive, acquista fiducia nella vita e sviluppa la sua sicurezza di base.

Dai 3 ai 4 mesi

Il bambino alza a poco a poco la testa e riesce a tenerla su. Si rotola sul fianco. Scopre le sue mani e le osserva con attenzione. Ha sempre il riflesso di prendere ciò che gli mettiamo nelle mani. La vista migliora, il suo campo visivo si allarga e si approfondisce. Adesso è capace di seguire un oggetto con lo sguardo anche se questo si sposta in tutti i piani. È sempre più interessato a ciò che lo circonda e sostiene lo sguardo. Gira la testa quando stimolato da rumori e cerca di identificare i suoni più familiari. Osservare i volti lo appassiona e fissa le labbra di chi parla. È un periodo importante per lo sviluppo del linguaggio. Cerca istintivamente di produrre a sua volta dei suoni e comincia a fare delle vocalizzazioni. Cerca anche di farsi capire con piccoli strilli e balbettii. In questa fase del loro sviluppo, tutti i bambini del mondo emettono gli stessi suoni.

L'attaccamento per chi lo circonda è profondo e gli dà una grande gioia che gli permette di sentirsi al sicuro. In questo lasso di tempo, il bambino dipende molto dalla relazione con chi gli sta vicino.

Da 5 a 6 mesi

Il piccolo comincia a stare seduto con degli appoggi; per seguire le fasi naturali di sviluppo non lo dovremmo incoraggiare a farlo se non è lui a prendere l'iniziativa. Rotolandosi, è in grado di passare dalla posizione supina a quella prona. Gli piace sollevarsi sugli avambracci, ben saldo, per osservare e assorbire con lo sguardo il mondo che lo circonda. Può succedere che cominci persino a gattonare e a spostarsi. Gli piace esplorare l'ambiente intorno a lui e accresce le proprie esperienze perché ora è capace di impadronirsi di un oggetto e di portarselo alla bocca. È l'inizio della prensione volontaria. Riesce a poco a poco a lasciar cadere l'oggetto che ha afferrato. I movimenti volontari sono in numero sempre maggiore. Mordicchia per esaminare ma anche per preparare e far sentire meglio le gengive perché i primi denti spesso spuntano proprio in quel periodo.

La vista è migliore e il bambino comincia a distinguere le sfumature dei colori. Osserva e sviluppa una logica deduttiva come pure una certa capacità di astrazione. Riesce ad associare dei suoni a delle immagini e gli piace giocare con tutto ciò che gli permette di capire il rapporto causa-effetto, vale a dire, di agire e di comprendere che la sua azione ha delle conseguenze. Come quando produce un suono toccando un giocattolo. Numerose attività di cui si parla in questo libro gli permettono di integrare queste nozioni (vedi p.146).

Anche il suo linguaggio si sviluppa e comincia a balbettare. A differenza dei suoni che produceva tra i 3 e i 4 mesi, quelli di adesso sono diversi in base alla lingua madre, poiché subiscono l'influenza di ciò che il bambino sente nell'ambiente in cui vive. Sempre molto impegnato nella comunicazione, il piccolo comincia a essere consapevole dell'attaccamento alla sua famiglia. Questo lo rende a poco a poco capace di acquisire una certa forma di indipendenza anche nell'ambito dell'alimentazione perché gli acidi nello stomaco e la comparsa dei dentini gli consentono ormai di diversificare il cibo.

Dai 7 ai 10 mesi

Il bambino sta seduto da solo e comincia a muoversi, il più delle volte a quattro zampe o in altri modi, talvolta divertenti a vedersi, per esempio, quando salta sul sederino. In ogni caso è attratto da oggetti e situazioni verso cui si dirige a modo suo. Esplora costantemente il proprio ambiente e vuole toccare tutto. La sua coordinazione motoria si sviluppa grazie all'allargamento del perimetro di esplorazione! La sua capacità di prensione diventa molto più precisa poiché è capace di usare le dita come se fossero pinze. Adesso riesce a posare bene gli oggetti e a passarli volontariamente da una mano all'altra. Si diverte anche a lanciarli. Se li porta sempre alla bocca, preparando così l'arrivo dei nuovi incisivi. Poi cerca di alzarsi e prova a stare in piedi. Gioca spesso con i piedini. La vista funziona quanto quella di un adulto e svolge un ruolo essenziale nel suo sviluppo perché l'occhio è diventato l'organo di percezione più importante e più usato dal piccolino che ora distingue perfettamente le sfumature di colore e ama confrontare le forme. Gli

piace osservare i dettagli, cosa utile allo sviluppo della sua capacità visiva. Il bambino prende coscienza del proprio corpo e inizia a orientarsi nello spazio. Ha sempre più punti di riferimento.

Comincia a puntare con il dito, il che costituisce una tappa importante dello sviluppo del linguaggio perché in questo modo cerca di avviare un dialogo con la persona cui mostra qualcosa. Vuole che gli si dica il nome o che gli si porti gli oggetti che indica.

È inoltre il periodo in cui il bambino sviluppa la propria capacità di capire la «permanenza dell'oggetto». Mentre finora ha creduto che ciò che non vedeva più sparisse e non esistesse più, il bambino capisce che non è così. È una fase in cui gli piace cercare e trovare oggetti, osservare l'alternarsi della presenza e dell'assenza. Gli piace il succedersi dell'apparire e dello sparire. È il momento di giocare a nascondino, in particolare con il viso dietro le mani, fonte di grande gioia! I giochi sulla permanenza dell'oggetto sono descritti a p. 151.

È inoltre in questo periodo, e c'è un collegamento, che il bambino distingue i volti familiari da quelli sconosciuti. Talvolta è un po' turbato di fronte alle persone che non conosce e mostra un riserbo che alcuni credono paura. Si tratta invece di una prudenza che deriva dal fatto che il piccolo si rende progressivamente conto che nella famiglia lui è una persona, distinta dai familiari. Prende coscienza della propria individualità. Se in questa fase non teniamo conto della sua necessità di essere rassicurato quando incontra una persona nuova, il bambino può sviluppare una certa ansia. È perciò importante in quel momento non mettergli fretta e non forzarlo ad andare tra le braccia di persone che gli sono poco familiari. Il piccolo non è un peluche che possiamo prendere come e quando vogliamo

e senza il suo accordo! Essere preso alla sprovvista senza neanche aver prima creato un contatto visivo è quanto gli piace di meno. Ed è normale. Lasciandogli il tempo di fare conoscenza tutto va per il meglio perché il bambino si sente rispettato. La paura dei volti nuovi è piuttosto un buon segno poiché dimostra che il bambino sta prendendo coscienza di se stesso. È anche il momento in cui gli piace molto riconoscersi nello specchio e si attacca ad alcuni dei suoi giocattoli che riconosce e che lo rassicurano.

Per quanto riguarda il linguaggio, comincia a pronunciare sillabe del tipo *ma*, *pa*, *da*, *ba*...Poi di seguito sillabe come *mamama* e *papapa*. Comincia anche ad associare gesti ai suoi balbettii.

Dagli 11 ai 13 mesi

Spesso è intorno al primo compleanno che assistiamo, come a uno spettacolo, ai suoi primi passi. Che traguardo! Questa è l'età in cui di solito viene acquisita la capacità di camminare ma alcuni bambini camminano prima e altri si prendono del tempo fino all'età di 18 o 20 mesi. Non c'è da preoccuparsi: ciascuno ha il proprio ritmo! La cosa più importante è che il bambino inizi a camminare nel momento giusto per lui. Per aiutarsi a camminare, spesso il piccolo usa un oggetto che tiene davanti a lui oppure si appoggia ai mobili. Una volta imparato a camminare meglio, si lancia ed è felice e curioso quanto l'esploratore di un nuovo mondo! Il suo universo si amplia e il bambino comincia a esercitare un certo potere su ciò che lo circonda perché è sempre più abile con le mani. Con-

tinua a indicare con il dito ciò che lo interessa e chiede sempre più oggetti da sperimentare. Gli piace molto comunicare e alcuni bambini pronunciano le prime parole in questo periodo. Comincia anche a esprimere il rifiuto. Poco a poco si delinea la sua personalità. Accresce le esperienze sensoriali e comincia in particolare ad avere il senso della tridimensionalità dello spazio: quando mette la mano in una scatola o in una borsa, ne comprende la profondità. Comincia a mettere scatole e oggetti l'uno sull'altro, è l'inizio del gioco delle costruzioni. Il suo cervello si sviluppa, la calotta cranica che fino a quel momento non era ancora chiusa, è ora ben saldata.

Dai 13 ai 18 mesi

Il bambino cammina con passo sempre più stabile ed eccolo capace di trascinare un oggetto! Gioie e piccole imprese vanno di pari passo. Presto le scale non sono più un segreto per lui e cerca di arrampicarsi dappertutto. A questa età il bambino colleziona le sfide. La sua motricità globale è in una fase di attiva costruzione. Lo stesso vale per la motricità fine: la sua destrezza si sviluppa grazie a una prensione più delicata. Coordina le azioni con le due mani e i suoi gesti sono più precisi, che si tratti di maneggiare un cucchiaio o un pallone. Per la pratica costante e piena di entusiasmo, il bambino è ora in grado di fare molte cose. Vuole crescere e vuole farlo sentendosi autonomo, e spesso lo fa capire quando gli viene impedito. Comin-

ciando a manifestare dissenso, afferma la propria identità. Gli piace giocare da solo e dà prova di grande abilità nel concentrarsi quando focalizza la propria attenzione su una attività. Gli piace molto incastrare, fare, disfare, rifare. Gli piace la ripetizione dell'attività. Gli piace anche nascondersi.

Sviluppa il suo linguaggio e assimila un numero sempre maggiore di parole nuove. Gli piace associare gli oggetti alle parole che gli corrispondono. È anche molto attirato dai libri. Sembra capire esattamente ciò che gli diciamo e inizia delle conversazioni. Comincia persino a combinare piccole frasi.

Dai 18 mesi ai 2 anni

Ecco il nostro piccolo che non è più così piccolo! La fiducia in se stesso si rafforza nelle sue numerose attività, sempre esplorando l'ambiente che lo circonda attraverso le molteplici esperienze e percezioni sensoriali. Salta, balla, addirittura corre! I movimenti si perfezionano. Si perfeziona anche la motricità fine e la coordinazione occhio-mano. Eccolo in grado di girare con grande cura le pagine di un libro di carta, di disegnare e di fare costruzioni. Osserva le persone che lo circondano e cerca di imitarle, con un piacere immenso, negli atti della vita quotidiana e nel linguaggio. È per questo che la sua autonomia cresce e il suo vocabolario si arricchisce. Comincia a fare uso di verbi e costruisce progressivamente le proprie frasi. Gli piace partecipare e manifesta la

voglia di aiutare. Gli piacciono la vita quotidiana e i lavori domestici. Vuole «fare come». Sente la necessità di compiere grandi sforzi, quelli che Maria Montessori chiamava gli «sforzi massimi», sfide che il bambino si dà per coordinare il proprio equilibrio e l'uso della forza. Gli piace mangiare da solo. Comincia a capire le regole e a distinguere ciò che può fare o non fare. La sua personalità si sviluppa e il suo carattere si afferma. Attraversa anche una fase di opposizione e grida energicamente «No!» quando non è d'accordo. Sviluppa così l'affermazione di sé.

Dai 2 ai 3 anni

Il bambino di due anni controlla i propri movimenti e diventa sempre più agile. Salta su due piedi, su un piede, calcia un pallone. Costruisce la propria autonomia e prende un numero sempre maggiore di iniziative. Ha bisogno di camminare molto. Lo accompagniamo in questa sua necessità, abbandonando il più possibile il passeggino. Lo incoraggiamo a camminare e ci adattiamo al suo ritmo. Maria Montessori scriveva: «Se andiamo a fare una passeggiata con il bambino [...] ecco il segreto: siamo noi che dobbiamo camminare con il bambino e non il bambino che deve camminare con noi».[9] Lo aiutiamo a diventare indipendente facendolo partecipare alle sue cure, alla sua igiene, ai lavori di casa e in cucina. Gli piace capire, osservare, imitare. Gli piace crescere e fare nuove acquisizioni motorie.

Dal punto di vista del linguaggio, il bambino parla in modo sempre più chiaro e ogni giorno arricchisce il suo vocabolario. Gli piace dire il nome degli oggetti che riconosce, ripetere tutto ciò che ascolta e interrogare chi lo circonda per assorbire nuove parole. La sua costruzione delle frasi migliora di giorno in giorno. Gli piace chiacchierare, scambiare, ascoltare e anche cantare. Capisce le regole della socializzazione avendo ben chiaro che cosa è lecito e che cosa non lo è. Le regole diventano più chiare.

Per consolidarsi, la sua identità passa per una fase oppositiva. Gli succede di dire «No!» a squarciagola, senza cattiveria, solo per affermarsi. Talvolta è sconcertante, addirittura estenuante, ma occorre sapere che è una fase

[9] M. Montessori, *The 1946 London Lectures*, cit.

necessaria per la costruzione di sé. Tale fase presenta minori difficoltà se il bambino si sente considerato.

A quest'età, inoltre, il bambino parla dei familiari, anche in loro assenza. Nella maggioranza dei casi parla di sé alla terza persona fino al giorno in cui, di solito intorno ai 3 anni ma qualche volta molto prima, pronuncerà la parola «Io», parlando di sé alla prima persona! È il segno della consapevolezza di esistere come persona. Si apre per lui una nuova stagione. Tra 0 e 3 anni, il bambino ci dice «Insegnami a essere me stesso», «Aiutami a prendere coscienza di chi sono». Più avanti, tra i 3 e i 6 anni, chiede «Aiutami a fare da solo».[10]

Conoscere in anticipo la successione delle fasi da cui ogni bambino passa tra 0 e 3 anni consente di stare all'erta, di osservare e di riconoscere gli stadi che lo portano alla coscienza di sé e all'autonomia, grazie alla sua mente assorbente, nonché a seguire i periodi sensitivi che attraversa.

[10] Cfr. C. Poussin, *Apprends-moi à faire seul. La pédagogie Montessori expliquée aux parents*, Eyrolles, Paris 2011.

La mente assorbente

La mente del bambino assorbe naturalmente, progressivamente, tutto ciò che lo circonda. Per Maria Montessori è questa la principale caratteristica del bambino. Laddove la mente dell'adulto elabora il pensiero in maniera cosciente e progressiva, quella del bambino assorbe in maniera inconscia e immediata. Maria Montessori paragonava l'inconscio del bambino a una camera oscura in cui vengono sviluppate le stampe fotografiche. Avviene qualcosa di misterioso che fa apparire e fissa definitivamente ciò che è stato assorbito in modo impercettibile. Montessori paragonava, contrapponendole, la mente fotografica del bambino a quella dell'adulto che ricorda con fatica, con ritocchi successivi, come farebbe un pittore in uno studio luminoso, cioè coscientemente.

La mente assorbente è un tipo di mente specifico del bambino che gli permette di assorbire l'ambiente in cui vive. Si usa dire: «I bambini sono spugne». Assorbono tutto ciò che il loro contesto gli offre e si realizzano interagendovi. Il bambino vive esperienze che provocano in lui impressioni e sensazioni che classifica e organizza in percezioni. Le esperienze sono il fondamento della maturazione psichica. Si tratta di un'interazione costante tra la vita fisica (l'esperienza del corpo) e la vita psichica (il lavoro della mente). È quella che Maria Montessori ha chiamato «la mente assorbente», uno stato mentale che consente al bambino di assimilare le proprie esperienze e di costruirsi interiorizzandole. Il bambino prima assimila poi analizza. Lo stato mentale assorbente è inconscio tra la nascita e i 3 anni. Tra i 3 e i 6 anni diventa sempre più cosciente. Le riflessioni di Maria Montessori sono state da allora comprovate da scienziati e da ricercatori in neuroscienze. Sappiamo che la «sinaptogenesi», vale a dire la connessione delle cellule neurali al momento delle sinapsi, nel cervello umano raggiunge l'apice tra il primo e il terzo anno di vita. Il cervello funziona come un aspiratore che raccoglie tutto. La sinaptogenesi in seguito diminuisce, soprattutto dopo la pubertà, e più il bambino cresce, più elimina le connessioni neurali inutili per «fare spazio» a quelle di cui è fatto maggiore uso. Possiamo dire che imparare è eliminare competenze superflue per

svilupparne altre più utili. Il bambino si costruisce perciò in funzione di quanto l'ambiente gli offre o gli nega.

La capacità del bambino di fare proprie, per imitazione, le caratteristiche del suo ambiente gli consente, da una parte, di costruirsi con la sua propria personalità e, dall'altra, di diventare «un uomo del suo tempo», adeguato alla sua cultura e alla sua epoca. La mente assorbente permette al cucciolo d'uomo di costruire la propria identità personale come pure quella sociale, adatta al contesto in cui cresce. Il bambino assorbe la lingua, le abitudini, i valori delle persone con le quali è in contatto. Ciò gli permette di sviluppare un senso di appartenenza a un gruppo sociale che gli procura a sua volta un grande senso di sicurezza e dunque di fiducia in se stesso. «Il bambino, nei primi due anni di vita, prepara con la sua mente assorbente tutti i caratteri dell'individuo, sebbene egli non se ne accorga. [...] Quindi se un aiuto educativo può essere dato a tale età, questo deve avvenire attraverso l'ambiente. [...] Questa è l'età in cui l'uomo lavora senza stancarsi e trae dalla conoscenza un nutrimento di vita».[11]

[11] M. Montessori, *La scoperta del bambino* (1950), Garzanti, Milano 1991, pp.352-353.

La plasticità cerebrale

Celine Alvarez, estratto dal blog «La maternelle des enfants»

Vediamo come il cervello si sviluppa. L'essere umano appena nato comincia a immagazzinare le informazioni del mondo esterno attraverso i sensi. Ogni immagine, ogni interazione, ogni avvenimento si fissa nelle fibre del cervello connettendo dei neuroni. Tali connessioni hanno inizio nel ventre materno per poi aumentare molto rapidamente dopo la nascita. Nei primi cinque anni di vita si contano da 700 a 1000 nuove connessioni al secondo. [...]
Quando tocca, afferra, ci chiama, ci studia, osserva il mondo con intensità, il bambino costruisce il proprio cervello. Un bisogno di costruire cui noi, gli adulti, non dobbiamo essere di sistematico intralcio, reprimendolo per il nostro comfort [...] «non toccare», «stai qui», «siediti», «aspettami», «stai zitto» ecc. Quando lo facciamo non stiamo ostacolando il bambino ma il processo di costruzione della sua intelligenza. Lasciamo invece che l'intelligenza esplori e realizzi miliardi di connessioni. [...]
Il cervello umano si struttura attraverso l'ambiente. Immaginate, in questa fase, le conseguenze di un contesto poco stimolante oppure violento...Conseguenze drammatiche [...] perché il cervello si struttura sulla base di ciò che riceve [...] Una carenza arreca danni alle potenzialità poiché, allo stesso modo in cui delle fondamenta fragili mettono a repentaglio la stabilità di una casa, dei deboli circuiti neurali creati dal bambino alterano l'architettura cerebrale dell'adulto che sarà. [...]

Lo stadio della selezione

[...] Crescere è passare da 1 milione di miliardi a 300.000 miliardi di sinapsi. Le connessioni di cui viene fatto minore uso, che codificano le esperienze meno ripetute si indeboliscono progressivamente fino a essere eliminate. Al contrario, le connessioni più spesso utilizzate, che codificano le esperienze più vissute dal bambino, si rafforzano. Tale processo è chiamato ridimensionamento sinaptico. Ma attenzione, nei suoi tagli sinaptici, il cervello non guarda alla qualità di ciò che sopprime. Seleziona in funzione della frequenza. In un bambino abituato perlopiù a un vocabolario molto familiare, anche se qualche volta gli succede di ascoltare persone che si esprimono con un linguaggio più ricercato, il cervello rafforza la traccia delle parole che è abituato a sentire.
Crescere è dunque perdere i due terzi delle proprie facoltà e rafforzare il terzo di quelle più utilizzate. [...] Crescere è specializzarsi. L'adulto non è meno intelligente, è specializzato. Specializzato nella sua lingua, nella sua cultura, nel suo pensiero, nei suoi com-

portamenti sociali ecc. Vivere con il bambino è partecipare alla sua specializzazione. Il nostro modo di parlare, di reagire, tutto ciò che facciamo con lui o davanti a lui, contribuirà in maniera decisiva al cablaggio del suo cervello.

0-2 anni: periodo critico

- A 1 anno, il cervello ha già effettuato dei tagli radicali.
- Un anno dopo, a 2 anni, ha sgombrato le fondamenta della sua architettura cerebrale. E lo ha fatto sulla base delle esperienze più frequenti, sia positive che negative.
- Le strutture fondamentali diventano in seguito sempre più difficili da rimodellare. [...]

È perciò di primaria importanza prestare una particolare attenzione a questo periodo critico, prima, cioè, che il cervello del bambino sia troppo specializzato.

Allora, che cos'è in pratica la plasticità cerebrale?

È il processo costante e dinamico di creazione, potenziamento ed eliminazione di connessioni sinaptiche. Tale processo inizia prima della nascita e continua in modo intenso nei primi anni di vita, durante i quali pone le basi dell'architettura cerebrale. La plasticità in seguito diminuisce progressivamente, con un calo assai netto nella pubertà. Ma si protrae comunque in età adulta. [...]

Da ricordare

- Abbiamo un eccezionale funzionamento cerebrale ma, per quanto potente sia, questo meccanismo plastico è condizionato dall'ambiente esterno.
- Il primo periodo della vita è perciò un periodo di grande possibilità e al tempo stesso di grande vulnerabilità.
- Positiva o negativa, ogni esperienza conta. Di fronte a tutto ciò emerge un imperativo sociale: noi, adulti, abbiamo la responsabilità di garantire all'essere umano appena nato le condizioni che gli assicurino il meglio e gli evitino il peggio.

I periodi sensitivi

La mente assorbente è guidata da istinti che Maria Montessori chiama «periodi sensitivi». Sono predisposizioni interiori che spingono il bambino a volgersi verso un elemento del suo ambiente che in quel momento è necessario al suo sviluppo e che corrisponde a uno stadio del suo sviluppo. Maria Montessori paragonava tali istinti a fari che, dall'interno del bambino, illuminano ciò di cui ha bisogno. Il bambino opera allora delle scelte nel contesto in cui vive in funzione di ciò di cui ha necessità per imparare. È molto attratto da alcune attività e indifferente ad altre. Una volta che ne ha scelta una, si concentra con attenzione e impara naturalmente, con piacere, senza sforzo.

Il bambino sceglie spontaneamente nel suo ambiente ciò che gli consente di dare continuità al processo di costruzione mentale, a seconda dello stadio in cui si trova. Gli oggetti esterni scelti gli lasciano un'impronta sensoriale che alimenta la sua vita psichica e lo inducono a fare collegamenti che corroborano la sua intelligenza. Per esempio, quando il bambino è in pieno periodo sensitivo del movimento, è attratto da tutto ciò che lo spinge a coordinare i propri gesti.

> **«Il fulcro attorno al quale agisce interiormente il periodo sensitivo è la ragione»**
> Maria Montessori[12]

I periodi sensitivi hanno durata e intensità variabili. Si sovrappongono. Alcuni iniziano già nella vita intrauterina. I principali periodi sensitivi descritti da Maria Montessori sono sei:

- il periodo sensitivo dell'ordine (da 0 a 6 anni);
- il periodo sensitivo del movimento (da 0 a 5-6 anni);
- il periodo sensitivo del linguaggio (da 0 a 7 anni);
- il periodo sensitivo delle sensazioni (da 0 a 6 anni);
- il periodo sensitivo dei piccoli oggetti (da 1 a 6-7 anni);
- il periodo sensitivo della vita sociale (dalla vita intrauterina con un picco intorno ai 6 anni).

[12] M. Montessori, *Il segreto dell'infanzia* (1950), Garzanti, Milano 1999, p. 83.

I periodi sensitivi sono transitori. Quando vengono acquisite le competenze a cui sono serviti, questi periodi giungono a termine. Una volta che il bisogno di imparare del bambino è soddisfatto e la competenza istintivamente cercata è stata acquisita, il bambino è attirato da altre cose.

Maria Montessori ha preso in prestito il termine «periodo sensitivo» da un biologo olandese, Hugo de Vries, che ne fece la scoperta nel 1902. Osservando dei bruchi, de Vries notò che all'inizio della loro vita erano attirati dalla luce. Benché nati ai piedi degli alberi, i bruchi si dirigono verso le estremità dei rami dove crescono le foglioline verdi che contengono le sostanze nutritive necessarie alla loro sopravvivenza. Dopo qualche giorno non sono più attirati dalla luce e non hanno più bisogno della stessa alimentazione. Ridiscendono lungo i rami poiché la luce che prima gli aveva attirati ora li disturba. Gli istinti successivi corrispondono a periodi sensitivi diversi che gli consentono di trovare nell'ambiente che li circonda gli elementi necessari alla loro buona crescita. Quando tali elementi non sono più necessari, l'istinto cessa. Un altro esempio è quello delle tartarughe marine che nascono nella sabbia e sin dai primi istanti di vita rispondono a un impulso irresistibile che le attira verso l'oceano. Per la schiusa delle uova hanno avuto bisogno del calore della sabbia, appena nate hanno, per vivere, un'impellente necessità di acqua. Se qualcosa impedisce loro di rispondere a tale istinto, muoiono.

Il periodo sensitivo è un appello vitale e, di conseguenza, irresistibile. Maria Montessori pensava che il bambino provasse un dolore psichico intenso quando non poteva rispondere a tale appello. La sofferenza, la cui origine nella maggior parte dei casi è inconscia, può provocare reazioni violente di rabbia, di tristezza, di malessere. Maria Montessori riteneva tale sofferenza la spiegazione della maggior parte dei famosi «capricci» dietro i quali si celava l'espressione di una grande frustrazione intellettuale. È bene rendersene consapevoli per distinguere meglio le reazioni dei bambini. Immaginiamo un bambino concentrato su una attività che lo ha attratto e lo appassiona e che a noi invece sembra insignificante. Se lo interrompiamo e, ancora peggio, gli impediamo di portarla a termine, siamo di ostacolo a un impulso vitale, mandiamo in tilt un vero e proprio lavoro psichico.

Il bambino rischia di arrabbiarsi senza neanche capire a che punto l'attività che stava svolgendo era importante per lui. Non è necessariamente in grado di verbalizzare la propria frustrazione, soprattutto se ancora non parla, allora batte i piedi. L'attività di un bambino che a noi sembra un dettaglio senza interesse alcuno, può invece rivestire per lui la massima importanza.

Maria Montessori pensava che l'adulto dovesse fare attenzione a non essere di intralcio al bambino quando risponde a un impulso vitale di costruzione interiore. Se il bambino viene troppo spesso ostacolato nella sua spinta alla crescita, il suo sviluppo incontra maggiori difficoltà.

Quando un periodo sensitivo si conclude prima che la competenza sia acquisita, l'apprendimento può risultare più faticoso, a volte persino molto difficile.

Ci sono anche casi estremi in cui, purtroppo, un bambino per troppo tempo non può avere accesso agli elementi dell'ambiente che lo circonda, necessari al suo sano sviluppo. La cosa può avere ripercussioni drammatiche, come nel caso di Diego, di cui si dà testimonianza qui di seguito.

«Ma se il bambino non ha potuto agire secondo le direttive del suo periodo sensitivo, è perduta l'occasione di una conquista naturale: ed è perduta per sempre»
Maria Montessori[13]

Un bambino di cui si rispetta il bisogno di scoprire è invece soddisfatto.

È sempre di buon umore perché imparare lo rende felice.

I bambini hanno una fame naturale di imparare, incessantemente. Sono attratti dalle novità come degli avventurieri e un naturale stimolo a esplorare, scoprire la vita, esaminare, sperimentare, provare e riprovare. Tutto ciò li riempie di entusiasmo. Sono instancabili, traboccano di energia per imparare nella gioia.

Lo stimolo non sarà sempre lo stesso se un'attività viene imposta, perché non si tratterà necessariamente di una risposta a un impulso vitale.

[13] Ivi, p. 54.

Imparare durante un periodo sensitivo è qualcosa di assolutamente naturale. Imparare la stessa cosa quando tale periodo si è ormai concluso, è più difficile. Per esempio, se vediamo con quale facilità un bambino impara una seconda lingua quando vi è esposto nel periodo sensitivo del linguaggio (da 0 a 7 anni), ci rendiamo conto di quanto tale processo sia diverso da quello dell'adulto che, con fatica, inizia lo studio di una lingua straniera! Nel primo caso è un'acquisizione spontanea, nell'altro un lavoro che impegna il ragionamento. Lo stesso vale per l'acquisizione delle competenze della lettura e della scrittura. Alcuni bambini sono pronti ben prima del loro ingresso in prima elementare. Non si deve perciò perdere il treno poiché dopo sarà più difficile per loro, non risponderà più a un desiderio. Tuteliamo il loro desiderio di imparare. È un tesoro, stiamo all'erta, adoperiamoci al massimo quando c'è, siamo pazienti quando invece ancora non c'è! La stessa cosa per imparare a camminare, a usare il vasino. Pazienza… e presenza! Maria Montessori poneva l'accento sul fatto che la gioia di imparare, guidata dal desiderio e dal piacere della scoperta, è indispensabile per costruire l'intelligenza come respirare lo è per la vita.

Il bambino si costruisce con quanto gli offriamo ma senza ciò che gli neghiamo. Da qui l'importanza di assicurargli un ambiente adeguato ai suoi bisogni. Il contesto in cui il bambino vive deve garantirgli ciò che occorre nel momento giusto. Gli stimoli positivi in un periodo sensitivo devono essere offerti nella giusta quantità: né troppi né troppo pochi. Ma non si deve neanche sovrastimolare poiché l'eccesso può sopraffare il bambino. Una spugna non può assorbire tutta l'acqua della vasca! Maria Montessori era convinta che tutti i bambini avessero una potenzialità eccezionale che poteva svilupparsi al massimo solo se lo stimolo necessario fosse stato dato al momento giusto, nella giusta quantità e di buona qualità! Per questa ragione è importante conoscere i principali periodi sensitivi, per saperli riconoscere quando i bambini li stanno attraversando e garantire ai piccoli protagonisti un migliore accompagnamento nel loro slancio vitale.

Testimonianza
personale su Diego
i cui periodi sensitivi non sono stati presi in considerazione

Ho vissuto più di un anno in Brasile, all'interno di una associazione umanitaria. Io e mio marito vivevamo con Diego, un ragazzino di 10 anni che ci era stato affidato. Diego aveva sofferto alla nascita di una paralisi cerebrale e aveva subito le conseguenze di un'assenza totale di stimoli quando era piccolo.

Era stato lasciato all'età di 4 mesi in un ospedale che dopo qualche anno lo aveva trasferito in un orfanotrofio dove è vissuto abbandonato tra gli abbandonati. Per 10 anni è rimasto nello stesso letto con le sbarre da cui usciva solo raramente, per lavarsi e per mangiare. Data la mancanza di mezzi e di disponibilità del personale dell'orfanotrofio, le cure gli venivano prodigate senza delicatezza né particolare attenzione.

Privato dunque degli stimoli e dell'ambiente indispensabili per il suo corretto sviluppo, Diego non ha mai imparato a camminare, a parlare, a non farsi più i bisogni addosso. Nonostante avesse vissuto tra gli uomini, è stato in un certo senso privato di relazioni umane e assomigliava un poco a Victor, il ragazzo selvaggio dell'Aveyron di cui si era preso cura il dottor Itard nel XVIII secolo. L'assenza di stimoli si era protratta troppo a lungo. Diego non ha mai potuto acquisire le caratteristiche della sua specie: la parola, il movimento coordinato, la socialità.

Diego ha scoperto le relazioni sociali in nostra compagnia ma non ha mai acquisito la parola né il controllo dei movimenti. Non cammina, non sta in piedi, non sa mangiare da solo. Sotto questo punto di vista è rimasto sempre all'età in cui è stato abbandonato. La sua motricità e il suo linguaggio sono quelli di un bambino di 6 mesi.

Abbiamo regolarmente avuto sue notizie e 10 anni dopo siamo tornati in Brasile per rivederlo. Viveva serenamente ma era sempre del tutto dipendente. Diego ha dovuto subire una sofferenza psichica intensa quando era piccolo. Esserino privato di relazioni, come in una prigione, dietro le sbarre dello stesso letto per 10 anni.

Non si può recuperare un periodo sensitivo una volta che è passato.

L'esempio di Diego è purtroppo estremo, ma dimostra l'impossibilità di recuperare un periodo sensitivo quando è passato. In misura minore, può succedere che i bambini abbiano un «bisogno» di stimoli per costruire loro stessi. Stimoli ai quali non rispondiamo per disattenzione o perché non ci risulta comodo. Talvolta anche con le migliori intenzioni. Con il tempo tutto ciò ha conseguenze spiacevoli.

Il periodo sensitivo dell'ordine

Alcuni saranno perplessi: «Mio figlio, sensibile all'ordine? Macché, è così disordinato!». Forse, ma tra 0 e 6 anni attraversa o ha attraversato un periodo in cui ha, o ha avuto, bisogno di ordine. Tale bisogno è fondamentale. È l'ordine che permette al bambino di avere una sicurezza di base. L'ordine esteriore gli consente di costruirsi un ordine interiore, di organizzare il vortice di percezioni che accumula con le sue esperienze. Questo periodo sensitivo condiziona l'insieme della vita psichica del bambino, gli permette di formarsi una spina dorsale psichica (e dunque fisica) e di sentirsi al sicuro.

Non è questione di essere maniaci ma di essere costanti nel modo in cui agiamo con il bambino. Quest'ultimo ha bisogno dello «stesso», cioè della routine, di punti di riferimento (nel tempo, nello spazio, nel modo in cui ci occupiamo di lui quando mangia, quando lo mettiamo a letto, quando lo curiamo, quando lo trasportiamo ecc.). Non si deve rendere tutto immobile, la vita segue il proprio corso con i suoi imprevisti e la sua naturalezza, ma il nostro comportamento con il bambino deve essere invariato, regolare.

Il punto è circondare il bambino con un ambiente che riconosce. Ciò gli permette, in un primo momento, di distinguersi dalla madre di cui all'inizio si crede parte per il legame fusionale instauratosi nella vita intrauterina.

A circa otto mesi, dopo un lungo percorso, il bambino scopre la permanenza dell'oggetto. Diventa consapevole del fatto che ciò che non vede più continua a esistere ed è diverso da lui. L'ordine lo aiuta ad attraversare questo stadio.

Il bambino vive una molteplicità di esperienze. La regolarità delle sue percezioni lo aiuta a selezionarle e a organizzarle. I punti di riferimento gli permettono di radicarsi nella realtà: lo stesso oggetto nello stesso posto, la stessa voce, lo stesso profumo, la stessa attenzione. Un contesto sensoriale stabile favorisce un sano sviluppo del bambino che cresce con serenità.

Successivamente, l'ordine che regna (oppure no) nel suo ambiente favorisce (oppure no) l'acquisizione di punti di riferimento e dunque un senso di sicurezza e con esso il senso di fiducia in se stesso e nella vita.

Il periodo sensitivo del movimento

«Il bambino si costruisce nel movimento». Questo concetto è spesso faticoso per gli adulti ma è indispensabile! Il movimento è la vita! Il bambino deve essere libero. La caratteristica del cucciolo d'uomo è quella di non avere alla nascita movimenti coordinati e volontari, a differenza della maggior parte degli animali che sono autonomi in tempi più rapidi. L'uomo è infatti il solo a muoversi in piedi. È un movimento più complesso la cui acquisizione è progressiva ma che gli offre la possibilità di usare le mani, strumenti preziosi dell'intelligenza. Nei primi due anni di vita la mielinizzazione delle cellule del cervello è in piena attività. In questo periodo il bambino impara a camminare, poi a correre, passando per stadi successivi che vanno dall'alto verso il basso: sostegno autonomo della testa, posizione seduta. Una volta in grado di camminare, il cucciolo d'uomo, come Cristoforo Colombo, va alla conquista del nuovo continente! Da quel momento non è più la vita psichica a essere al servizio del movimento ma è il movimento a essere a servizio della costruzione mentale, permettendo la moltiplicazione delle esperienze.

Gli stimoli sono necessari per il buono sviluppo del movimento coordinato, il «movimento intelligente», come lo chiamava Maria Montessori, vale a dire quello che ha una finalità. L'esempio di Diego[14] ci dimostra quanto sia

[14] Cfr p. 59 di questo volume.

importante l'interazione per coordinare i movimenti. Lui che dai 4 mesi fino a 10 anni non è mai sceso dal suo letto con le sbarre, non ha mai imparato a camminare e tuttora non ne è capace sebbene vi si sia esercitato per 12 anni. Si regge appena in piedi. Un muscolo non stimolato non si sviluppa, un'articolazione che non lavora si blocca. Esiste un'interazione costante tra la costruzione del movimento e quella della vita psichica, un rapporto tra la plasticità del corpo e quella del cervello.

Per questo motivo è fondamentale rispettare i movimenti dei bambini offrendo loro uno spazio adatto agli spostamenti e ai movimenti costruiti. Questo ci porta a riflettere sull'uso del box quando non serve soltanto a proteggere dai pericoli. Perché non organizzare uno spazio più ampio di un box di un metro quadrato? Rendere sicuro uno spazio più vasto che si evolva con il bambino è possibile.

Per Maria Montessori «l'uomo costruisce se stesso: al fine di possedersi e di dirigersi. Così vediamo il bambino muoversi continuamente; egli infatti deve costruire l'azione in rapporto allo spirito a passo a passo. Mentre l'adulto agisce spinto dal pensiero, il bambino si muove per costruire in una unità pensiero e azione. [...] Coloro perciò che impediscono al bambino di muoversi, pongono ostacoli alla costruzione della sua personalità».[15]

Stimolare il movimento non significa insegnarlo ma rispettarlo nella sua libertà, perché è muovendosi senza restrizioni che il bambino diventa prudente e in grado di cadere senza rischi, mentre il bambino contenuto nei suoi movimenti, perché eccessivamente protetto, si espone più facilmente ai pericoli, è meno consapevole dei rischi e dei suoi limiti.

Il periodo sensitivo del linguaggio

Tout est langage ("Tutto è linguaggio") è il titolo del famoso libro di Françoise Dolto.[16] Il periodo sensitivo del linguaggio è fondamentale. Ha inizio prima della nascita. Il bambino non viene al mondo con il linguaggio ma con il meccanismo di creazione del linguaggio, se vi è esposto. Ancora nel ventre materno, il bambino riconosce le voci di chi gli sta intorno,

[15] M. Montessori, *Il bambino in famiglia*, (1956), Garzanti, Milano 2000, p. 136.
[16] F. Dolto, *Tout est langage*, (1987), Gallimard, Paris 2012.

percepisce le intonazioni, le melodie e le loro sfumature. La sensibilità al linguaggio si compone di tre stadi:

- Il primo comprende il lasso temporale tra la vita prenatale e la pronuncia delle prime parole.
- Il secondo va dall'acquisizione del linguaggio parlato a quello del linguaggio letto e scritto (sensibilità alla rappresentazione simbolica dei suoni).
- Il terzo è una sensibilità alla grammatica (sensibilità alla natura delle parole, alla loro funzione e alla struttura delle frasi).

I tre cicli sono progressivi e dirompenti. Il bambino a poco a poco assorbe il linguaggio e un giorno, parla! Poi il discorso si perfeziona. Per anni il bambino si prepara alla scrittura e alla lettura e, un bel giorno, legge una parola! Ne scrive un'altra... e il processo è avviato. Lo stesso avviene per la grammatica. Nei tre casi, dopo una lunga maturazione, a volte segreta, si accende la scintilla.

Ancora una volta lo stimolo è indispensabile. Il cucciolo dell'animale è in grado di comunicare sin dalla nascita, il cucciolo d'uomo deve invece appropriarsi del linguaggio. Se non vi è esposto, come il ragazzo selvaggio dell'Aveyron, non imparerà mai a parlare. Le corde vocali, l'udito, tutte le attività che implica il linguaggio devono esercitarsi in questo periodo sensitivo. Ne è testimonianza il triste esperimento voluto dall'imperatore Federico II nel XII secolo. Sebbene parlasse correntemente più di sei lingue, cercò di scoprire quale era la lingua «naturale» dell'uomo. Assunse allora alcune balie che dovevano prendersi cura di sei bambini senza mai parlare loro, pensando che la lingua originale sarebbe scaturita naturalmente. L'imperatore pensò che potessero essere il latino o il greco. Ma rinchiudere i bambini in un silenzio assoluto li portò invece a una morte precoce. La comunicazione condiziona la vita, il linguaggio struttura la vita psichica dell'individuo.

A circa 12 mesi, il bambino produce frasi composte da una sola parola che corrisponde a una situazione. La famiglia non ha difficoltà a capirlo, le persone sconosciute invece sì. Tra i 12 e i 20 mesi continua a produrre olofrasi (parole-frasi), ma le parole corrispondono a più situazioni. Poi la frase di due parole fa la sua comparsa, seguita da quella di tre parole che facilita il dialogo. Intorno ai due anni, nella maggior parte dei casi, il bambino conosce almeno 200 parole, ma alcuni bambini possono conoscerne molte di più. Da questo momento in poi le frasi si allungano. Il bambino parla di sé dicendo «bimbo» poi pronunciando il proprio nome fino a quando assistiamo alla comparsa di «io», di cui si è già fatta menzione, segno della nascita di una persona nuova, consapevole della propria individualità! Anche in questo caso, alcuni bambini lo fanno molto presto.

Il bambino costruisce il proprio linguaggio nella relazione con l'altro. Semplice o complicata che sia, assorbe facilmente la lingua che si parla intorno a lui anche se il vocabolario è molto ampio. E se nel suo ambiente si parlano più lingue, assorbe più lingue!

In un primo momento, il linguaggio non si insegna, si sviluppa. Lo si acquisisce per fasi. Una di queste è il gesto di indicare, una caratteristica umana che corrisponde a una vera e propria strategia di comunicazione. Il bambino comincia a chiamare per nome ciò che vede. Successivamente, quando l'oggetto è assente e ne ha recepito il concetto di permanenza, il bambino lo nomina per ricordarlo. Il linguaggio si sta dunque sviluppando e consente al bambino di nominare ciò che manca. Tutta l'elaborazione del linguaggio è una costruzione simbolica che rappresenta l'assente. Le distanze che il bambino prende dall'oggetto gli permettono di rappresentarselo e di chiamarlo per nome. Le parole sono alla base dell'attività mentale. Il pensiero si sviluppa grazie alle parole.

È molto importante esporre i bambini il più possibile e il meglio possibile al linguaggio e associarlo alle relazioni: parlare al bambino descrivendogli ciò che succede. Mettere tutto in parole, senza esitare a descrivergli ogni nostra azione. «Ti cambio il pannolino, ti aiuto a infilarti la manica, ti aiuto a metterti i pantaloni, la gamba destra e poi la sinistra, ecco il piedino e... ti infilo il calzino». Nominare, descrivere, commentare immagini, oggetti, scene, leggere libri, raccontare storie, cantare, conversare utilizzando parole precise, un vocabolario diversificato, fare descrizioni dettagliate, stimolare il bambino a narrare un evento, chiamare per nome gli oggetti senza

L'apprendimento del linguaggio per imitazione

Céline Alvarez, estratto dal blog «La maternelle des enfants»

Un'appassionante ricerca condotta nel 1995 dimostra la potenza di tale fenomeno. Sono state registrate centinaia di ore di interazione tra bambini e adulti in 42 famiglie appartenenti a tutte le fasce sociali. I bambini sono stati seguiti dall'età di sette mesi fino a tre anni. I ricercatori hanno rilevato che le parole utilizzate dai bambini a tre anni dall'86% al 98% provenivano direttamente dal vocabolario dei genitori. Ma non è tutto. Non solo le parole che usavano erano identiche a quelle dei loro genitori ma anche il numero, la lunghezza e lo stile erano gli stessi. I genitori di famiglie di bassa cultura, per esempio, tendevano a fare brevi considerazioni [...] mentre le famiglie più acculturate tenevano grandi conversazioni con i loro bambini su una grande varietà di argomenti. Che ci piaccia o no, dobbiamo capire che sono le piccole cose cui non prestiamo necessariamente attenzione – il modo in cui parliamo, in cui operiamo e reagiamo nella vita quotidiana – che strutturano, senza filtro alcuno, le capacità e i comportamenti dei nostri bambini.

I nostri comportamenti preparano i loro.

In altre parole i comportamenti degli adulti determinano i comportamenti dei bambini. Ciò deve essere detto, ridetto e capito. Dobbiamo agire di conseguenza, a casa come a scuola.

aver timore delle parole complicate, esprimere i propri sentimenti e invitare il bambino a farlo sono altrettante occasioni di linguaggio da accrescere. Per rispettare il periodo sensitivo del linguaggio, è opportuno non esigere troppo il silenzio senza motivo. E questo sin dalla prima infanzia perché il bambino capisce sempre più di quanto si creda.

Il periodo sensitivo del perfezionamento della funzione percettiva

Il bambino moltiplica le esperienze. I suoi sensi sono chiavi di lettura che gli permettono di affrontare il mondo. Ma le sensazioni e le impressioni sono innumerevoli e diversificate. Fino a circa 6 anni, anche se ciò non finisce in quel momento, il bambino perfeziona le proprie percezioni, le raggruppa, le seleziona, dà loro un nome, le classifica. Le sue percezioni sono sempre più acute. Nominare le impressioni consente al bambino di concettualizzarle e in tal modo di controllarle meglio. Il perfezionamento sensoriale della funzione percettiva si accompagna a quello dell'intelligenza. È un'attività di estrema importanza. Più l'ambiente è stimolante, migliore è lo sviluppo dei sensi. Le attività ludiche che consentono al bambino di classificare le proprie percezioni sono numerose: gioco di associazione, di differenziazione, di gradazione, di discriminazione. Incrementare le esperienze sensoriali che offrono il mondo al bambino è un bene, sin dalla prima infanzia (vedi p.146).

Il periodo sensitivo dei piccoli oggetti

Anche se abbiamo sempre il timore che possano ingoiarli, come facciamo a non accorgerci della costante e particolare attrazione che i bambini hanno per i piccoli oggetti? La passione per i piccoli oggetti è legata al perfezionamento e allo sviluppo dell'acuità sensoriale. È perciò opportuno offrirgliene ma sotto sorveglianza! Ai bambini piace osservare i granelli, le piante minuscole, le figurine, le conchiglie e perfino le briciole! Tutto ciò che è microscopico li attira.

Il periodo sensitivo della vita sociale

L'uomo è in prevalenza un essere sociale. Le sole necessità biologiche non gli permettono di vivere.

Ha un grande bisogno di stare in relazione con i suoi coetanei. Per sopravvivere, ma anche per crescere bene, il cucciolo d'uomo ha bisogno dell'altro, ha bisogno di una regolare relazione con gli altri. Quando la sua vita ha inizio, è del tutto dipendente dagli adulti e resta tale a lungo benché sempre meno.

Nel suo primo anno, il bambino non si distingue dalla madre. Poi, progressivamente, prende coscienza della propria individualità. Tra i 2 e i 3 anni esce allo scoperto e comincia a parlare di sé in terza persona. A circa 6 anni, dopo aver preso coscienza di se stesso, il bambino acquisisce una sempre maggiore coscienza degli altri. Dopo aver ricevuto tanto, è pronto a dare. Guarda gli altri in modo diverso, cercando di essere utile. In questa evoluzione il bambino ha bisogno di sentirsi al sicuro, in particolare nella prima infanzia.

I periodi sensitivi aiutano il bambino a costruirsi. Maria Montessori ne parla in termini di «spinta interna di energia creativa» che, se non ostacolata, permette al bambino di imparare secondo un processo naturale. Maria Montessori definiva *ormé* (termine greco che indica lo «slancio vitale») la forza che dà al bambino la volontà inconscia di scegliere nel suo ambiente che cos'è giusto per lui, come se ubbidisse a una «guida interiore». Una volta che lo abbiamo capito, è più facile individuare gli slanci generati dai periodi sensitivi e aiutare i bambini a trarne profitto per imparare con facilità e crescere con armonia. A tal fine, è necessario dare loro lo stimolo giusto, adeguato a ogni fase. Lo stimolo innesca la «messa in funzione» degli organi. Se ciò non accade, possono sorgere problemi di natura psicologica (sonno-rifugio, incubi, regressione ecc.).

«Può infatti considerarsi come un amore per l'ambiente quell'impulso irresistibile che nel corso dei "periodi sensibili" unisce il bambino alle cose. Non si tratta del concetto che si ha comunemente dell'amore, indicando con tale parola un sentimento emotivo: è un amore d'intelligenza, che vede, osserva, e amando costruisce. Quell'ispirazione che spinge i bambini a osservare si potrebbe chiamare, con un'espressione dantesca, intelletto d'amore»

Maria Montessori[17]

Le tendenze umane

L'uomo ha delle tendenze, cioè degli istinti che influiscono sul suo comportamento e gli creano pulsioni connesse allo spazio (per esempio riflessi di autodifesa e di sopravvivenza). Gli animali agiscono seguendo i propri istinti molto più degli uomini e in modo innato (le migrazioni ne sono un esempio). Gli uomini sono meno istintivi. Alla nascita, il cucciolo d'uomo non è predefinito. È l'ambiente in cui si prepara a vivere a esercitare un'influenza su di lui e svilupperà istinti e riflessi. L'uomo ha invece numerose tendenze, alcune innate, trasmesse geneticamente, altre acquisite. Maria Montessori ne ha parlato molto ma spetta in particolare al figlio Mario il merito di aver ripreso e sviluppato le riflessioni della madre in merito, elencando e classificando le tendenze umane. Le principali sono: la vita attiva (o lavoro di trasformazione del proprio contesto), l'orientamento, l'esattezza, il linguaggio

[17] M. Montessori, *Il segreto dell'infanzia*, cit., p.137.

e la comunicazione, la vita in gruppo, l'esplorazione, l'osservazione, l'astrazione, l'immaginazione, l'ordine e la mente matematica, la ripetizione, l'adeguamento, la ricerca di conoscenza, l'elevazione spirituale e l'orientamento morale. Tutte queste tendenze sono da prendere in considerazione quando cresciamo i cuccioli d'uomo poiché è necessario che l'ambiente in cui vivono risponda a tali tendenze per assicurare il loro sviluppo.

Da ricordare

Gli stadi dello sviluppo della prima infanzia sono numerosi ed è necessario conoscerli per accompagnare il proprio piccolo nel miglior modo possibile. Per Maria Montessori la mente assorbente è la caratteristica principale del bambino che dispone di uno stato mentale che gli consente di assorbire tutto ciò che lo circonda, di assimilare le proprie esperienze e di costruirsi, inglobandole, in funzione di ciò che l'ambiente gli offre. Tale capacità gli permette di diventare un uomo del suo tempo, cioè adeguato al luogo e all'epoca in cui vive, sviluppando allo stesso tempo la propria personalità. I periodi sensibili sono predisposizioni interiori che spingono il bambino a volgere la propria attenzione a un aspetto del suo ambiente che in quel momento è necessario al suo buon sviluppo. Il rispetto di tali bisogni è fondamentale. I principali periodi sensibili riguardano l'ordine, il movimento, il linguaggio, i sensi, i dettagli e le relazioni sociali.

3 I bisogni del bambino tra 0 e 3 anni

Il cucciolo d'uomo risponde istintivamente alla propria guida interiore che lo spinge a esplorare senza sosta per imparare spontaneamente e costruirsi psichicamente. A tal fine ha dei bisogni fondamentali che si possono riassumere in tre punti:

- bisogno di concentrarsi;
- bisogno di libertà, ma anche di limiti;
- bisogno di prendere coscienza di sé come individuo.

Il bisogno di concentrarsi

Per Maria Montessori, la prima strada che il bambino deve trovare è proprio quella della concentrazione. Il piccolo ha bisogno di sviluppare la sua capacità di concentrazione, chiave di volta di uno sviluppo armonico. Diversamente da quanto si crede, fin dalla nascita è capace di concentrarsi. L'ambiente in cui vive qualche volta glielo impedisce distogliendolo dai suoi centri di interesse. La molteplicità degli stimoli che il bambino riceve attraverso le proprie esperienze può disperdere la sua attenzione. Ma la capacità di concentrarsi esiste, anche se non ancora utilizzata in tutto il suo potenziale. È concentrandosi che il bambino sviluppa la sua capacità di farlo, nonché la qualità, la durata e la frequenza della concentrazione. Come per tutto, è una questione di esercizio. L'adulto, consapevole di tale capacità e dell'importanza del suo sviluppo, la incentiva rispettando semplicemente l'attività spontanea del bambino che riesce a concentrarsi svolgendo l'attività scelta e gradita che assorbe tutta la sua energia. Rispondendo a uno slancio interiore, focalizzato su un obiettivo spontaneamente scelto, il bambino si sente motivato e continua un'azione che concentra in modo del tutto naturale la sua attenzione. L'interesse del bambino è il punto di partenza di tutto:

Interesse > Attenzione > Ripetizione > Concentrazione > Costruzione interiore

La concentrazione che deriva dalla focalizzazione dell'attenzione del bambino è il segno esteriore di un lavoro interiore: il bambino si costruisce psichicamente accumulando le esperienze che gli permettono di creare immagini mentali e connessioni neurali (le sinapsi). Dunque si concentra, forse guardando un oggetto (un *mobile*, una pianta, un raggio di luce), ascoltando un suono, esercitandosi a fare un gesto (toccare un giocattolo, sfiorare un oggetto). Ogni atto che impegna la sua attenzione può dare origine alla concentrazione. Evitando di interrompere il bambino quando la sua attenzione è assorbita da qualcosa, gli diamo modo di conservare e persino di aumentare la sua naturale capacità di concentrarsi. Il solo fatto di essere consapevoli di tale capacità ci aiuta ad averne cura e a rispettarla. Non dobbiamo porci troppe domande né smettere di essere spontanei nella nostra relazione con il bambino. Dobbiamo solo essere consapevoli della sua necessità di potersi concentrare con calma sin dalla prima infanzia.

Il bambino svilupperà in seguito la sua concentrazione se gli diamo la possibilità di scegliere le proprie attività pedagogiche e di ripeterle ai suoi ritmi. Mi riferisco qui al bambino più grande poiché essere consapevoli dei suoi obiettivi a lungo termine consente di accompagnarlo meglio. Il bambino che ha un corretto sviluppo della sua capacità di concentrazione diventa un bambino libero, «normalizzato» come diceva Maria Montessori, un bambino, cioè, che mette la propria energia prima al servizio del proprio sviluppo e poi nel proprio contesto sociale. La concentrazione non è fine a se stessa ma il primo passo sul cammino della socializzazione.

«Certamente qui sta la chiave di tutta la pedagogia: saper riconoscere gli istanti preziosi della concentrazione per poterli utilizzare nell'insegnamento»

Maria Montessori[1]

[1] M. Montessori, *Il bambino in famiglia* (1936) Garzanti, Milano, 2000, p. 65.

Testimonianza sull'attenzione

Patricia Spinelli, direttrice de l'Institut Superieur Maria Montessori (ISMM)

La crescita e lo sviluppo del bambino dipendono dalla qualità della nostra attenzione. Se non è profonda, corriamo il rischio che si manifesti nel bambino una specie di costante «rumore» interiore o qualcosa come la noia e la frustrazione.
Proprio come la madre non sufficientemente attenta quando allatta il proprio piccolo rischia di provocargli un'avidità alimentare e affettiva destinata a una perenne insoddisfazione se non lo nutre anche del suo sguardo, se non gli dà l'alimento psichico di cui ha assolutamente bisogno. Grazie allo sguardo della madre, il bambino non si sentirà solo ma avrà un sostegno su cui si appoggerà quando in futuro sarà solo. Si sentirà forte per superare i momenti difficili e, più avanti, per affrontare la «propria parte di solitudine».

La concentrazione non è forse il culmine della coscienza, la coscienza di essere qui e ora? Non è forse quell'esperienza fondante in cui il mondo esterno e quello interno sono in sintonia? Quel culmine in cui raggiungiamo qualcosa di utopico, quell'altro luogo, che non è da nessuna parto, luogo cho non esiste ma che si rivela a noi stessi e ci dà la possibilità di essere.

«Certamente qui sta la chiave di tutta la pedagogia: saper riconoscere gli istanti preziosi della concentrazione per poterli utilizzare nell'insegnamento [...] V'è una sola maniera d'insegnare:quella di suscitare nello studente il più profondo interesse ed insieme una viva e costante attenzione. Si tratta, dunque, solo di questo: utilizzare l'intima forza del fanciullo per la sua educazione. È possibile ciò? Non è soltanto possibile, è necessario. L'attenzione ha bisogno, per concentrarsi, di stimoli graduali. All'inizio saranno oggetti facilmente riconoscibili dai sensi».[2]

Per stimolare l'attenzione del bambino nel senso della focalizzazione dell'attività mentale, soffermiamoci sull'attenzione, cioè sullo sguardo e la premura che dedichiamo al bambino. La qualità della nostra attenzione migliora quella della sua concentrazione. Controlliamo dunque la nostra disposizione interiore quando siamo al suo fianco. La cura che abbiamo per «l'ambiente», cioè per il contesto che gli offriamo, aiuta il bambino a organizzarsi interiormente.

Permettere al bambino di concentrarsi è offrirgli la possibilità di nutrirsi intellettualmente, di crescere nella serenità e di incoraggiarlo ad aprirsi al mondo! Questa è la linea da seguire: rispettare l'attività spontanea del bambino purché sia strutturata e abbia uno scopo.

Bisogno di libertà ma anche di limiti

Maria Montessori aveva una «visione cosmica» dell'universo che concepiva come un'unità in permanente equilibrio, benché sempre dinamica, in quanto governata dalle leggi della natura. Ciò implicava che l'uomo, come parte di questo universo, mantenesse una certa disciplina per il bene comune. Per Montessori era perciò necessario che ognuno trovasse la propria vocazione, perché ogni bambino porta con sé il proprio progetto, il proprio schema di sviluppo che può realizzarsi solo se cresce liberamente, seguen-

[2] *Ibidem.*

do le proprie intuizioni e operando le proprie scelte. Nel pensiero di Maria Montessori il concetto di libertà è dunque fondamentale.

Pensiamo spesso che più c'è disciplina, meno c'è libertà e viceversa. Maria Montessori riteneva invece che i due concetti fossero intrinsecamente legati e interdipendenti, che la disciplina e la libertà procedessero di pari passo per consentire al bambino di costruire la propria libertà interiore. Il cucciolo d'uomo si libera disciplinandosi, si affranca cioè dai propri istinti prendendo progressivamente coscienza di se stesso e degli altri, assorbendo la propria cultura, recependo e rispettando le regole della società in cui cresce. Tale processo lo rende libero imponendogli allo stesso tempo dei limiti! In altre parole, la nostra libertà ci dà dei limiti e i nostri limiti ci danno la libertà.

Essere liberi non è fare tutto ciò che vogliamo senza curarsi di niente e di nessuno. È volere invece ciò che facciamo perché conosciamo i nostri bisogni e quelli degli altri, è seguire una libertà interiore consapevole delle leggi della natura e degli uomini.

Imparare a essere liberi

Tutti i bambini costruiscono la propria libertà in più fasi. La fase della comprensione dei limiti fino a 3 anni, quella dell'acquisizione della disciplina fino a 6 anni, della responsabilizzazione fino a 12, e, infine, la fase della presa di coscienza globale fino a 18 anni, che permette da quel momento l'uso della volontà nelle grandi scelte della vita. Il giovane adulto è perciò libero di disporre della sua persona senza ledere i diritti degli altri, rispettando dei limiti.

Essere liberi non significa che si debba abbandonare il bambino a se stesso, ma preparargli un ambiente in cui possa agire liberamente. Liberare il bambino significa eliminare tutto ciò che ostacola il suo sviluppo spontaneo. Si tratta di offrirgli un ambiente stabile e allo stesso tempo duttile che lo aiuti ad acquisire la propria indipendenza, prima tappa verso la libertà: un ambiente curato e provvisto di limiti che possano essere accettati, poiché tali limiti sono indispensabili per qualsiasi adattamento sociale. Offrire la libertà senza inquadrarla in un contesto è peggiore dell'assenza di libertà. Chi può fare tutto ciò che vuole non è libero, è solo. Per il bambino non si tratta di fare tutto ciò che vuole ma di volere ciò che fa. Ciò non significa che non si scelga niente per lui. Il bambino può avere uno sviluppo positivo solo se è sostenuto da un progetto e da uno sguardo benevolo su di lui.

Tra 0 e 3 anni, l'adulto deve accettare la libertà e le iniziative del bambino e il bambino deve accettare dei doveri. Il piccino si costruisce grazie a punti di riferimento e limiti precisi su ciò che può o non può fare. Va dunque incoraggiato a impegnarsi in attività quotidiane che implicano il movimento e che hanno uno scopo, perché determinano un'organizzazione interiore che struttura il bambino e il suo ragionamento.

La libertà non è lo scopo ma un lungo processo attraverso il quale il bambino acquisisce le proprie caratteristiche umane di individuo libero. A tal fine, sin dalla nascita, il bambino dispone di forze vitali che lo spingono a esplorare il proprio ambiente, il quale deve perciò essere pronto ad accogliere questa energia che ha bisogno di ordine e di tranquillità per organizzarsi ed esprimersi. Tutto ciò ci invita a riflettere sul concetto di ubbidienza e di bontà.

Libertà, ubbidienza, bontà e capriccio

Ci capita spesso di sentire le seguenti domande su un bambino che non ha nemmeno 3 anni: «È buono?». Ma che cosa vuol dire «buono»? È ubbidiente? In altre parole, domato? Addestrato a non dare fastidio? Ma a questa età si può essere «ubbidienti»?

La prima domanda è: che cosa significa ubbidire? Significa eseguire un ordine o rispondere positivamente a una richiesta esterna? Ubbidire è rinunciare alla propria volontà e alla propria libertà a beneficio di quella di un altro senza che ci sia per forza una ricompensa. È un atto che presuppone una presa di coscienza di sé e dell'altro. Ciò implica una maturità che ancora non c'è all'età di 2 e 3 anni. Perciò non serve a niente lamentarsi se i bambini molto piccoli non ubbidiscono. È troppo presto per loro.

È soltanto dopo aver preso coscienza di se stesso che il bambino esercita la propria volontà. Maria Montessori la descriveva come l'espressione di una forza inconscia, l'*ormé*, lo «slancio vitale», che spingeva il bambino ad agire e a mettersi in relazione con il proprio ambiente per crescere bene. È una forza vitale che lo spinge a darsi da fare. Tale forza che viene dall'interno lo guida e gli impedisce di ubbidire a una richiesta che viene dall'esterno.

Il nostro dovere è riconoscere tale slancio e tenerne conto. Bisogna evitare di esigere l'impossibile, come fa il re di uno dei pianeti visitati dal Piccolo Principe di Saint-Exupéry nel capitolo 10. Il re dà ordini solo se possono essere eseguiti e se rispondono alle leggi della natura. Non si vanta di essere ubbidito solo per il gusto di essere ubbidito. È dunque proprio il destinatario dell'ubbidienza che va messo in discussione. Per crescere armoniosamente il bambino deve ubbidirci o deve seguire gli ordini della natura? In ogni caso, scriveva Maria Montessori. «Come può ubbidire al volere di altri, chi è incapace di sottomettersi ai suoi stessi voleri?».[4] Non ha perciò senso inorgoglirsi per essere obbediti da un piccolino. Perché ci sia ubbidienza nel vero senso della parola, sarà necessario aspettare l'età di 3 anni compiuti.

«Il bambino ubbidisce alla natura. Più è ubbidiente con la natura, più è disubbidiente nei nostri confronti»
Maria Montessori[3]

Maria Montessori stabiliva tre gradi di ubbidienza:

- **Il primo** comincia nel momento in cui l'identità del bambino è costruita (tra 2 e 3 anni). In questa fase qualche volta il bambino ubbidisce, ma è del tutto casuale. Sta infatti esercitandosi a farlo ma non sempre lo fa! Per completare la costruzione della propria volontà cosciente, la mette ancora troppo spesso al primo posto.

[3] M. Montessori, *The 1946 London Lectures*, cit.
[4] Id., *Il bambino in famiglia, cit.*, p. 66.

- **Il secondo** tempo dell'ubbidienza arriva più tardi, nel bambino la cui volontà cosciente può agire per soddisfare una richiesta esterna. Ma non si deve pretendere troppo: il bambino è sempre un essere in costruzione.
- **Il terzo** livello di ubbidienza arriva ancora più tardi, tra i 4 e i 5 anni, quando il bambino accetta di demandare a una terza persona una parte della propria volontà, perché è sicuro di sé e della persona che gli dà una direttiva. L'ubbidienza poggia infatti su una duplice fiducia: quella nell'adulto, perché il bambino sa che vuole aiutarlo a crescere, e quella che deriva dal fatto che, dopo aver subordinato la propria volontà a quella di un altro, egli ritroverà il proprio libero arbitrio. Quando è cosciente di se stesso e dà fiducia all'adulto, può delegargli la sua volontà rinunciando temporaneamente alla propria.

La disciplina, come la libertà, è un lungo processo che si costruisce nell'amore, nella fiducia e nella pazienza infinita. Facciamo dunque attenzione alla scelta delle parole che usiamo e non parliamo né di bontà né di ubbidienza prima del tempo. E cerchiamo soprattutto di non chiamare «capriccio» tutte le reazioni del bambino che non si sottomette alla nostra volontà. C'è capriccio e capriccio. C'è quello che chiamiamo generalmente capriccio e che non è altro che l'espressione di una sofferenza del bambino costretto ad accettare la volontà di un altro mentre una forza interiore lo spinge a crescere.

Ciò che chiamiamo «capriccio» è spesso l'espressione di una rabbia impulsiva come reazione a un ostacolo (un aiuto inutile) allo sviluppo spontaneo del bambino, o di una «lotta dovuta alla continua repressione».[5] Il capriccio rivela che alcuni bisogni fondamentali del bambino non sono soddisfatti. Anziché punire e reprimere tale manifestazione, dovremmo invece considerarla un segnale, il sintomo di un malessere da tenere sotto controllo. La forza non è la soluzione alla manifestazione di un disagio. La cosa migliore è cercare di capirlo. Quando il bambino in quei momenti si sente capito, le sue reazioni violente cessano all'istante. Alcuni diranno che questo si chiama «cedere» come se l'educazione fosse un rapporto di forza. Penso sia meglio considerarla un aiuto.

---

[5] M. Montessori, *Il segreto dell'infanzia*, Garzanti, Milano 1999, p. 202.

«Ma si sa che nulla può correggere il capriccio del bambino. E nessuna esortazione; nessun castigo saranno efficaci: poiché sarebbe come se ad un uomo che ha la febbre ed il delirio, si facesse un discorso per dimostrargli che sarebbe bene per lui di essere sano e si minacciasse di bastonarlo se non farà scendere la sua temperatura»

Maria Montessori[6]

Il bambino che si riprende da un capriccio perché si sente capito non diventa per questo «viziato» o «maleducato», ma fiducioso. «È facile giudicare ogni reazione oscura [...] un capriccio. Quel capriccio deve assurgere dinanzi a noi all'importanza di un problema da risolvere, di un enigma da decifrare [...] è soprattutto un'attitudine nuova che rappresenta una elevazione morale per l'adulto».[7]

La maggior parte delle volte quello che noi chiamiamo «capriccio» e consideriamo una cattiva azione del bambino è una richiesta di poter fare da solo. Accogliamo tali richieste e soprattutto evitiamo, quanto possibile, di provocarle permettendo invece al bambino di essere quanto più autonomo.

Se reprimiamo sempre il capriccio e lo consideriamo un difetto da correggere anziché un'espressione di cui tenere conto rischiamo, a lungo termine, di veder svilupparsi delle devianze (confusione mentale, fuga nell'immaginario, inibizione ecc.).

Maria Montessori denunciava il fatto che il bambino era considerato troppo spesso un «disturbatore» dell'adulto che non doveva fare rumore

[6] M. Montessori, *Il segreto dell'infanzia*, cit., p.231.
[7] Ivi, p.91.

e toccarne le cose. Lo definiva persino un uomo senza diritti. La situazione del bambino è senza dubbio cambiata dopo la pubblicazione, nel 1936, del suo libro *Il segreto dell'infanzia*, ma l'idea del bambino che disturba il nostro piccolo comfort è ancora molto in voga. L'adulto, pur inconsapevolmente, sviluppa riflessi di autodifesa per proteggersi dal bambino che ha sconvolto il suo universo.

Eppure il bambino non è la chiave di volta dell'umanità? Quando i suoi periodi sensitivi sono rispettati e il bambino risponde allo slancio vitale che lo anima, non è forse l'incarnazione della gioia, una gioia che si irradia anche su di noi? Che cosa c'è di più entusiasmante e comunicativo di un bambino felice?

Bisogno di prendere coscienza di se stesso e di avanzare sul cammino dell'indipendenza

La vita psichica del bambino si sviluppa sin dalla prima infanzia grazie alla relazione, al coordinamento dei movimenti e all'elaborazione del linguaggio.

Maria Montessori sosteneva che un neonato era un embrione spirituale, vale a dire un essere nato psichicamente ma la cui mente doveva ancora svilupparsi per «incarnarsi». Nel terzo capitolo de *Il segreto dell'infanzia* Montessori scriveva: «Incarnazione è il processo misterioso di una energia che animerà il corpo inerte del neonato e darà alla carne delle sue membra, agli organi dell'articolazione della parola il potere di agire secondo la volontà e così incarnerà l'uomo».[8]

Montessori paragonava l'uomo a un'opera d'arte, a lungo elaborata con intensa fatica nel segreto di uno studio prima di essere visibile a tutti: «L'uomo è invece come l'oggetto lavorato a mano: ognuno è diverso dall'altro, ognuno ha un proprio creatore, che ne fa un'opera d'arte della

[8] Ivi, p. 41.

natura»[9]. Non un'opera fatta in serie. Da qui l'importanza della cura che si ha per il bambino nei primi anni, periodo della sua «incarnazione», per il lavoro intenso attraverso il quale si forma la sua personalità. Il bambino si costruisce da solo se lo aiutiamo a farlo senza intervenire troppo.

In un primo momento il bambino ha soprattutto bisogno di un amore avvolgente, fatto di sguardi e di latte. È necessario creare intorno a lui un universo rassicurante che garantisca una continuità con la vita intrauterina. Nei primi tre mesi di vita ciò di cui il bambino ha bisogno è costruire una sicurezza fondamentale per il proseguimento del suo sviluppo. Ha bisogno di gesti, di sguardi, di cure, di una relazione costante e rassicurante che offrano la possibilità di essere «uno», «un'unità» e non di essere invece disperso, perduto nell'abbondanza delle percezioni. Il bambino ha bisogno di unicità per non smarrirsi. La dottoressa Silvana Quattrocchi Montanaro, nel suo libro *Comprendere i bambini*,[10] ha parlato di «fiducia di base dell'ambiente» e di «unità psicosomatica», unione tra il corpo e lo spirito, che si sviluppa, tra l'altro, grazie ai pasti; il bambino infatti utilizza la mente per esprimere una fame psichica e quando viene alimentato tra le braccia trova un nutrimento fisico e insieme psichico. La simbiosi che vive con la madre nelle prime settimane lo aiuta a costruire quella che possiamo chiamare la «colonna vertebrale psichica». La capacità della madre, del padre e delle persone vicine al bambino di concentrarsi su di lui e sulle sue necessità gli permette di crescere nella fiducia. I suoi bisogni sono interpretati e soddisfatti, talvolta ancora prima di essere coscienti o espressi. Le persone che gli stanno intorno cercano di interpretarne le espressioni e ne riconosce intuitivamente i cambiamenti per rispondere adeguatamente. La Quattrocchi Montanaro sostiene che sia preferibile lasciare al bambino il tempo di esprimere i propri bisogni per dargli la possibilità di sperimentare il nesso domanda/risposta, in modo positivo, perché ciò gli dà fiducia. Anticipare la sua domanda, non rispondervi o tardare troppo a farlo procura meno gioia e ottimismo di una risposta data al momento giusto.

Come si può non essere affascinati dalla capacità di una madre di capire i bisogni del proprio piccolo? È qualcosa di magico. Non ci stupiremo mai abbastanza della forza dell'istinto materno. In poche settimane la madre

[9] Ivi, p. 43.
[10] S. Quattrocchi Montanaro, *Comprendere i bambini: sviluppo ed educazione nei primi tre anni di vita*, Di Renzi, Roma 2006.

è capace di decifrare le espressioni del suo bambino. La madre e il bambino sono un unico spartito. Si accordano. Il bambino mette in atto nuovi mezzi di comunicazione attraverso movimenti ed espressioni. Per quanto non ancora cosciente di ciò di cui si compone il suo contesto, vi si sente al sicuro perché il più delle volte trova una risposta adeguata ai suoi bisogni. Il bambino amato ha la percezione di un mondo piacevole.

La dipendenza del bambino dalla sua famiglia e l'incapacità, all'inizio della sua vita, di provvedere da solo alle proprie necessità è il presupposto della sua capacità di diventare cosciente di se stesso e, più avanti, indipendente. Nella relazione con l'altro, il bambino costruisce progressivamente la propria capacità di essere da solo. La presa di coscienza dell'altro, dell'essere premuroso gli consente di sviluppare la capacità di stare da solo accanto all'altro, e poi senza l'altro, perché capisce a poco a poco che l'assente non smette di esistere quando non lo vede più. «Ciò che non vedo più esiste ancora anche quando non lo vedo più; la mamma sarà di ritorno anche se in questo momento non la vedo, perché lei esiste in permanenza e io anche, esisto indipendentemente da lei». La capacità del bambino di separarsi con serenità contribuisce alla presa di coscienza di se stesso.

La presa di coscienza di se stesso e del mondo che lo circonda si elabora a poco a poco fino a circa 3 anni, attraverso esperienze sensoriali e motorie. In un quadro familiare adatto a porvi radici, in un legame profondo con il proprio ambiente, il bambino esiste psichicamente e ne prende progressivamente coscienza grazie all'ordine, al movimento volontario, al linguaggio e alle immagini che osserva e assorbe. Costruisce la propria identità e lentamente si distingue da coloro che si prendono cura di lui. E questo avviene più facilmente quando coinvolgiamo il bambino nelle cure che gli prodighiamo. Sviluppa allora una migliore coscienza di sé, degli altri e delle sue relazioni con gli altri. Tale processo prosegue tra i 3 e i 6 anni, quando acquisisce una maggiore indipendenza.

L'adulto «non è il plasmatore del bambino», come scriveva Maria Montessori ne *Il segreto dell'infanzia*: «è il bambino che porta con sé la chiave del proprio enigma individuale».[11] Il bambino ha bisogno di fare da solo. Se viene troppo spesso ostacolato in questa necessità fondamentale, entra

[11] M. Montessori, *Il segreto dell'infanzia*, cit., p. 46.

in conflitto con il proprio ambiente. La forza che lo spinge a imparare da solo attraverso l'esperienza viene distolta dal suo scopo primario va in una direzione sbagliata. Quando vogliamo sostituire troppo il bambino nelle azioni della vita quotidiana, quando facciamo le cose al posto suo invece di incoraggiarlo a farle da solo, per quanto spinti dalle migliori intenzioni, arrechiamo danno al suo corretto sviluppo e sviamo le sue energie. È indispensabile che il bambino compia tentativi, sbagli, provi, ricominci da solo per riuscire alla fine da solo, unendo soddisfazione, fiducia in se stesso e amor proprio. Se è così, l'infanzia trascorre nella gioia, di «conquista» in «conquista», lasciando risplendere la vitalità interiore del bambino.

Crescere è diventare autonomi. In altre parole, significa potersi sentire al sicuro quando si è soli. Ciò presuppone la moltiplicazione delle esperienze positive di separazione (nascita, svezzamento, asilo ecc.) e dei grandi cambiamenti della vita (arrivo di un fratellino, il lavoro della mamma, la malattia ecc.). Tutto si svolge per tappe e richiede molta verbalizzazione per esprimere il dolore e accettarlo nel modo migliore. Se sono anticipate e/o spiegate, queste esperienze possono essere vissute bene dal bambino, che ne esce più maturo e autonomo.

Da ricordare

Per un buon sviluppo dal punto di vista individuale e sociale, il bambino ha bisogno di:

- concentrarsi per costruirsi intellettualmente e psichicamente. Per facilitare la capacità di concentrazione del bambino, dobbiamo rispettare le sue iniziative e offrirgli un ambiente il più sereno possibile;
- libertà di crescere seguendo le proprie «guide interiori» assimilandone anche i limiti;
- prendere coscienza di essere un individuo indipendente e autonomo e di essere al contempo parte integrante di una comunità.

4 L'approccio Montessori a casa

Il nostro ruolo di genitori e di educatori è accompagnare il bambino nella sua crescita. La parola chiave è dunque tener conto del suo slancio naturale e rispettarlo, lasciarlo libero di seguire la propria guida interiore. È perciò necessario **distinguere l'aiuto utile da quello inutile**.

Tra le iniziative che noi prendiamo con le migliori intenzioni del mondo, alcune sono positive, altre sono invece nefaste perché si sostituiscono alla volontà del bambino e ne frenano lo sviluppo anziché stimolarlo.

Maria Montessori diceva sempre che tutti gli aiuti inutili sono un intralcio alla crescita.

Distinguere tra questi due aiuti è perciò essenziale. Troppo aiuto, troppo attaccamento genera una dipendenza che può rendere l'adulto uno schiavo e il bambino passivo o svogliato. Non dobbiamo far regredire il bambino sostituendoci a lui. Questo ci richiede una presa di coscienza che dà origine a una riflessione costante.

Non si deve considerare l'educazione un «grattacapo», un interrogativo costante, una perpetua ridiscussione che potrebbe paralizzare l'educatore o farlo sentire in colpa.

Continuiamo a essere naturali, spontanei, a seguire il nostro istinto, ma non prima di aver riflettuto e mantenuto una certa distanza. Una volta recepito che il bambino ha degli istinti, possiamo seguire i nostri perché sappiamo che l'educazione deve rispondere ai bisogni del bambino ed essere, soprattutto, un «aiuto alla vita».

Il nostro ruolo di adulti può riassumersi in tre punti:

- Prepararsi psicologicamente per agire da adulti consapevoli.
- Preparare un ambiente adatto al bambino.
- Proporre attività che lo aiutino a svilupparsi.

Prepariamoci ad accogliere il bambino prendendo coscienza del nostro ruolo

La nostra principale missione è prepararci psicologicamente per accompagnare il bambino nel migliore dei modi. In altre parole: dobbiamo rieducare noi stessi prima di educare il bambino! Senza per questo pretendere di diventare dei superuomini né degli esseri perfetti, perché sarebbe impossibile oltre che noioso! Dobbiamo sviluppare le qualità necessarie per lo sviluppo del bambino. Maria Montessori riteneva che nella preparazione dell'educatore un ruolo prioritario spettasse alla preparazione della mente, allo studio di sé, prima ancora che all'arricchimento delle conoscenze.

Dobbiamo soprattutto essere coscienti: coscienti dei bisogni del bambino, menzionati nel capitolo precedente (concentrazione, libertà/limiti, costruzione di sé) e coscienti del nostro ruolo di osservatori, di modelli, di accompagnatori e di compagni.

Il nostro ruolo di osservatori

L'osservazione sta alla base del pensiero montessoriano. È lo strumento che ha permesso a Maria Montessori di scoprire ciò di cui il bambino aveva veramente bisogno e che consente all'adulto di conoscere e di capire il bambino nella sua unicità per offrirgli un utile aiuto. Quando adottiamo consapevolmente un comportamento da osservatori evitiamo il rischio di agire con precipitazione. Ciò permette di dosare nel modo giusto i nostri interventi, di valutare se è necessario intervenire o no, di stimolare oppure no, e se sì, in che misura. Siamo in un'ottica di ricerca, con un nuovo sguardo che permette di scoprire e riscoprire incessantemente un nuovo bambino senza appiccicargli un'etichetta poiché è in costante evoluzione. L'osservazione ci consente di vedere se il bambino è concentrato su un'attività in qual caso dobbiamo quanto più possibile fare in modo di non interromper-

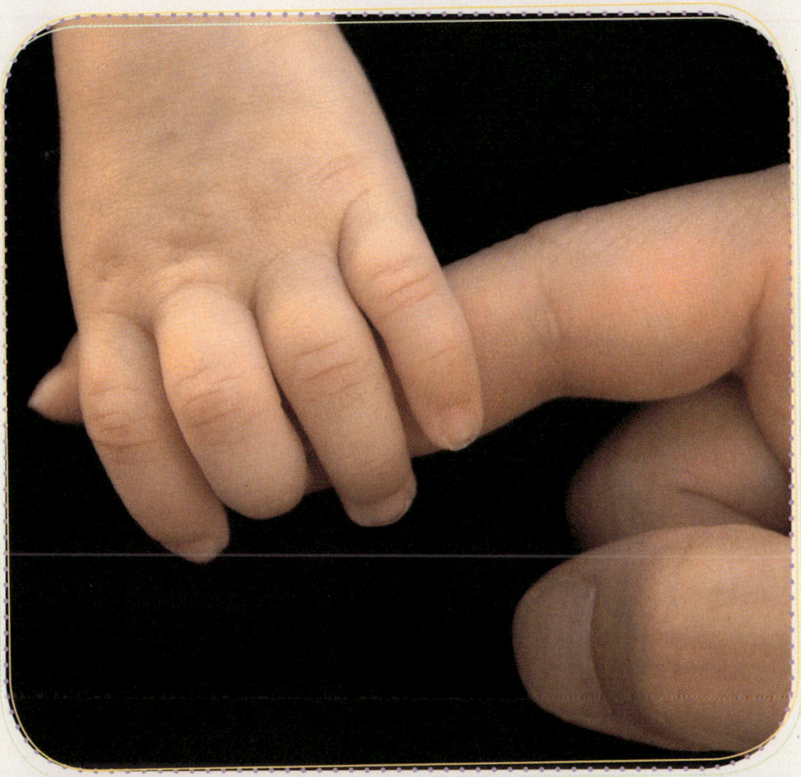

lo, anche se tale attività non ha per noi un senso. Fino a quando è ordinata, ha un senso per il bambino nel quadro della sua costruzione intellettuale. Guardiamoci allora dall'intervenire e… osserviamo!

La nostra posizione di osservatori ci aiuta a rispettare l'attività spontanea del bambino e ci invita a capirla, consapevoli del fatto che risponde a forze interiori di autoeducazione e certi del ruolo che svolge nello sviluppo naturale e armonico del bambino. Osservare permette di riconoscere i periodi sensitivi e di assecondarli. L'arte di educare sta nella distinzione tra l'azione costruttiva del bambino, avviata dalla sua guida interiore, e l'azione disordinata che risponde a un impulso distruttivo. La prima, ordinata e utile alla concentrazione, deve essere rispettata. La seconda, disordinata e inutile, se non addirittura distruttiva, deve essere interrotta con dolcezza. Parliamo al bambino con calma, chiniamoci alla sua altezza stabilendo con lui un benevolo contatto visivo.

L'osservazione permette anche di eliminare gli ostacoli che potrebbero intralciare il corretto sviluppo del bambino. Osservandolo crescere nel suo ambiente, ci rendiamo consapevoli dei suoi bisogni e possiamo intervenire sui suoi spazi adattandoli.

Inoltre, la qualità dello sguardo di chi osserva consapevolmente è un sostegno per il bambino e lo incoraggia a continuare le sue azioni. L'intensità del nostro sguardo dà un senso di esistere al bambino che, sentendosi guardato, prende coscienza di se stesso. Come per tutto, è una questione di dosi. Non dobbiamo avere uno sguardo pesante. Il nostro sguardo deve farsi discreto se avvertiamo il rischio che distolga il bambino dalla sua attività anziché assecondarla. Osservare è un'arte.

Dobbiamo smettere di crederci i creatori dell'intelligenza del bambino e tenere a freno la tendenza a essere troppo invasivi. Il nostro ruolo è capire e accompagnare. Osservare ci permette di cogliere le delicate sfumature dell'animo infantile.

Il nostro ruolo è dunque osservare il bambino, focalizzare cioè la nostra attenzione su di lui, facendo in modo di riconoscere i suoi bisogni, di accorgerci dei suoi progressi, di scoprire i suoi interessi per svilupparli e coltivarli. L'osservazione stimola l'interesse per l'educazione e il desiderio di fare bene. Aiuta l'adulto ad adattare il proprio comportamento ai bisogni del bambino. In questo approccio, è importante essere capaci di osservare noi stessi!

Il nostro ruolo di esempio

Per esercitare una sana influenza sul bambino, il segreto è dargli l'esempio. Il bambino assorbe i nostri comportamenti, il nostro modo di fare e di parlare. Guardandoci vivere, impara ciò che può o non può fare. È il nostro ruolo di adulto a indicare al bambino, con tono dolce e fermo, che ci sono cose possibili e altre che non lo sono perché i limiti siano chiari e facili da recepire. Allora dimentichiamo l'adagio: «Fate quello che dico e non quello che faccio» e lavoriamo prima di tutto sul nostro modo di essere. Mostrando, e talvolta anche in maniera esplicita sotto forma di presentazione, il buon esempio, possiamo esercitare una migliore influenza che ripetendo all'infinito gli ordini. L'esempio è sovrano. **Incarniamo ciò che vogliamo trasmettere.** E diamo tempo al tempo perché in un solo giorno non si assorbe niente. Abbassiamo il livello delle richieste nei confronti del bambino e alziamo quello verso noi stessi perché, a lungo immerso in un ambiente edificante e disteso, il nostro piccolo si impregnerà di buoni esempi, osservando noi come pure i suoi coetanei. Dobbiamo adattare le nostre esigenze alle capacità del bambino e non aspettarsi da lui ciò che non può ancora fare.

Ciò che noi dobbiamo soprattutto incarnare è il valore fondamentale del rispetto. «Dobbiamo cercare di comprendere meglio la personalità del bambino. Intanto il primo dovere per l'educatore, sia che si debba occupare del neonato o del fanciullo, è di riconoscere la personalità umana dell'essere nuovo e di rispettarlo».[1]

«Sii il cambiamento che vuoi vedere avvenire nel mondo»
Gandhi

Accettare il bambino quale è significa rinunciare al bambino dei nostri sogni, significa fare il lutto del bambino modello che ci immaginavamo. Il bambino vero è quello che abbiamo davanti a noi. È proprio lui. Accettarlo è aiutarlo ad accettarsi. Rispettarlo è permettergli di rispettarsi. Amarlo è riconoscere la sua individualità e la sua personalità. L'amore incondizionato gli consente di crescere e di realizzarsi.

[1] M. Montessori, *Il bambino in famiglia* (1936), Garzanti, Milano 2000, pp. 44-45.

Il bambino che si sente degno di rispetto è pronto a farsi carico dei bisogni altrui. Trova il suo posto all'interno del gruppo e lascia spazio agli altri! È un elemento essenziale se consideriamo l'educazione come un cammino verso la Pace. Maria Montessori ha scritto saggi dai titoli molto eloquenti: *L'educazione e la pace* e *L'educazione per un mondo nuovo.* L'educatore che accompagna il bambino nella crescita deve dare un esempio di pace. La pace è un'arte che si impara da piccoli, a piccole dosi. La pace che si crea tra gli esseri umani, tra i bambini e gli adulti, tra fratelli e sorelle è l'origine della Pace che deve esistere tra le nazioni. Accettare l'altro e riconoscere i suoi diritti è un processo che inizia molto presto. Ritenere che noi tutti meritiamo rispetto, simili o diversi, è il presupposto della tolleranza. Creiamo dunque un ambiente affettuoso e sereno, fin dalle prime fasi della vita.

Rispettare il bambino significa anche comunicare con lui, ascoltarlo e farsi ascoltare da lui. Per questo dobbiamo stimolare l'espressione dei sentimenti e delle emozioni. Negare i sentimenti di qualcuno diminuisce la stima che egli ha per se stesso.

«Noi dobbiamo aiutare il bambino a liberarsi dai suoi difetti senza fargli sentire la sua debolezza»
Maria Montessori[2]

Tutti i sentimenti sono accettabili, solo i comportamenti possono essere inaccettabili. Quando vogliamo parlare con un bambino di comportamenti inopportuni, è meglio fare riferimento ai fatti che disapproviamo invece di criticare il bambino. Per esempio, è meglio dire: «Hai messo della terra sul tappeto e mi dà molto fastidio» anziché: «Sei un sudicione! Sei un sporcaccione!».

Quando il bambino ha un problema, dobbiamo aiutarlo a verbalizzare ciò che sente e, fin quando possibile, aiutarlo a trovare da solo le proprie soluzioni.

[2] M. Montessori, *Il bambino in famiglia*, cit. p. 124.

Il nostro ruolo di accompagnatori

Dobbiamo indicare al bambino la via verso la libertà educandolo a scegliere. Incrementiamo dunque le occasioni per farlo esercitare. Possiamo usare qualsiasi situazione: scegliere fra due giocattoli, due yogurt, due paia di pantaloni. In un primo momento, è opportuno limitarsi a due opzioni perché una scelta molto ampia potrebbe essere troppo impegnativa per il bambino. Per imparare, poiché scegliere implica una rinuncia, è bene cominciare ad allenarsi presto e spesso. Il bambino deve essere cosciente del fatto che le sue scelte contano per noi, e che sono importanti le opinioni di tutti. Questo lo aiuterà a vedere la vita non come un rapporto di forza, ma come fonte di gioia e come un'occasione per moltiplicare le relazioni positive.

Il ruolo degli adulti è quello di guidare il bambino in attività costruttive che abbiano una finalità, per stimolarlo a sviluppare il movimento, i sensi, il linguaggio e la socialità. In altre parole, il nostro ruolo è coinvolgere il bambino nel prendere coscienza dei momenti sensitivi che attraversa. Incoraggiarlo ad agire e non interromperlo quando lo fa in maniera spontanea e costruttiva. Teniamo presente la straordinaria capacità di concentrazione che il bambino sta sviluppando!

Ogni bambino ha la propria personalità e la propria missione. Khalil Gibran lo ha espresso così bene nel suo stupendo libro *Il Profeta*: «I nostri figli non ci appartengono».[3] Non stanno al mondo per essere proiezione ed estensione di noi stessi. Non sono i «nostri» figli, anche se ci sono stati affidati. **La nostra missione è accompagnarli verso loro stessi, cioè aiutarli a diventare sé stessi.** Ciò presuppone, come abbiamo detto, che li accettiamo veramente per quello che sono e li aiutiamo ad accettarsi, favorendo il loro desiderio di formarsi e di progredire. Non dobbiamo farne ciò che noi vogliamo che siano. Anche noi costruiamo noi stessi. I nostri figli, coloro che ci sono stati affidati, hanno il loro proprio progetto: costruire se stessi. L' accompagnamento si attua con l'osservazione.

Il nostro ruolo è garantire le migliori condizioni per un sano e spontaneo sviluppo del bambino. La prima cosa da fare in questo senso è ricono-

[3] K. Gibran, *Il Profeta*, Rizzoli, Milano 1995.

scere «la guida interiore» del bambino, l'impulso che lo spinge a scegliere ciò che è buono per il suo sviluppo. Il nostro ruolo è rispettare tale impulso e offrire al bambino un ambiente in cui possa esprimere il suo amore per la vita.

Ciò sarà possibile predisponendo un determinato ambiente con degli elementi materiali: dobbiamo creare un'atmosfera distesa, favorevole allo sviluppo, senza stress. È meraviglioso avere un progetto di apprendimento per il bambino, ma tale progetto deve soprattutto accompagnare il bambino nel suo! In questo modo possiamo partire dai suoi interessi e dai suoi impulsi. Certo, possiamo stimolare i suoi desideri proponendo attività, passeggiate, letture, giochi, ma ciò porterà beneficio solo se il progetto è in linea con la sua guida interiore. Ciò fa sì che le nostre aspettative vengano ridimensionate. Infatti se ci aspettiamo troppo dai nostri bambini, e non è il momento giusto, rischiamo di produrre l'effetto contrario: demotivazione, perdita di fiducia, cattiva stima di sé. Dobbiamo silenziare la radiolina interiore che ci porta a idealizzarli e a paragonarli continuamente al bambino perfetto dei nostri sogni, quello che noi stessi non siamo riusciti a essere. Non rimettiamo in gioco la nostra vita tentando di riviverla attraverso quella dei figli, al posto loro. Dobbiamo tuttavia avere dei progetti per loro, trovare un saggio equilibrio. Il segreto per raggiungerlo si riassume in una parola: accompagnare, che è più di seguire e meno di guidare. È il giusto mezzo cui tendere.

Per essere in grado di accompagnare il bambino, è auspicabile conoscere se stessi ed essere sereni. Conoscere i nostri pregi e difetti aiuta ad accettare quelli del bambino e a lavorare su di noi per sviluppare le qualità fondamentali per un'educazione positiva: spirito di servizio, umiltà, disponibilità, pazienza, serenità, abilità nell'attirare il bambino verso le attività, empatia e capacità di ascolto e, soprattutto, il senso e il piacere per l'osservazione.

Dobbiamo sviluppare un atteggiamento che vigili sulla qualità dell'aiuto che forniamo. Senza doverci mettere in discussione a ogni istante, perché sarebbe snervante, dobbiamo porci sempre la domanda: «Se intervengo, ostacolo oppure favorisco lo sviluppo del bambino?». Aiutare, ma non troppo, e soprattutto non ostacolare. Un buon modo di discernere ciò che va o non va fatto per aiutare il bambino è mettersi nei suoi panni. Immaginare di essere al suo posto, di vivere ciò che sta vivendo, ci aiuta a capire ciò che è migliore per noi e quindi per lui.

Il nostro ruolo di garanti della relazione e della sua qualità

Le fasi della relazione

Fino a 8 mesi

Dopo la nascita la relazione si costruisce in un nuovo modo. Si intessono i legami e l'attaccamento si accentua. La moltiplicazione delle esperienze positive rassicura il bambino che ha cambiato il suo universo con la nascita. All'inizio della vita, tutto si riassume nella qualità dello sguardo e nell'arte del gesto. Il piccolo ha prima di tutto bisogno di uno «sguardo pensante», cioè di una persona che lo guarda con occhi amorevoli, lo segue e lo circonda di affetto.

All'inizio della sua vita, la buona relazione che ha con chi gli è vicino, e in particolare con la madre, condiziona la sua relazione col mondo. Essere consapevoli che il piccolo ha una vita psichica e prendersene cura, favorisce la sua piena realizzazione. La relazione all'inizio passa per i gesti: il modo in cui teniamo in braccio il piccolo, lo spostiamo, lo cambiamo, lo vestiamo, lo nutriamo, con un'arte e una cura speciali, come se toccassimo il più prezioso dei tesori. L'atto di massaggiarlo, portarlo in braccio, il linguaggio dei gesti associati alle parole, sono dei modi meravigliosi di creare un legame con il bambino. La relazione passa anche per la qualità dello sguardo che avvolge e accarezza. Infine, passa per la comunicazione verbale.

Ogni istante può diventare un'opportunità di comunicazione. Una pappa, un bagnetto, un massaggio, una coccola, una fiaba. La fiducia che il bambino acquisisce nei primi mesi è la base che avrà nella vita. Gli dà ottimismo e sicurezza per sempre. Il ruolo fondamentale della relazione nello sviluppo psichico del bambino è segnalato da Donald Woods Winnicott, che insiste sul fatto che la dipendenza, nella fase in cui il bambino è solo con la madre, è una tappa indispensabile per raggiungere la capacità di stare da soli. Essere stati dipendenti e appagati permette di diventare indipendenti.

Da 8 a 15 mesi

Il bambino attraversa un periodo in cui prova ansia di fronte a persone che non conosce. Ma basta che lo sconosciuto non si precipiti sul bambino, lo rispetti e si avvicini piano piano, perché il piccolo lo accolga nella sua bolla, invitandolo con lo sguardo o tendendogli le manine con un sorriso, sentendo la benevolenza sulla faccia nuova. Il bambino ha bisogno di entrare in relazione prima di essere preso in braccio. In questa fase, affidarlo a uno sconosciuto non è più così facile. Non è per asocialità o timidezza, come potrebbe pensare chi si offende di fronte a questa ritrosia, che è solo espressione di una sana prudenza del bambino in cerca di reciprocità.

Quando il piccolo comincia a stare in piedi, lo invitiamo a essere più coinvolto nel momento del cambio del pannolino, dell'igiene e della vestizione. Collabora con noi alla cura della sua persona, di cui diventa sempre più il protagonista. Il cambio, in effetti, si può fare anche in piedi. Il bimbo può andare a gettare il pannolino usato e prenderne uno nuovo da solo, collabora a vestirsi. Una serie di azioni che lo coinvolgono incoraggiandone l'autonomia, la consapevolezza di sé e del suo corpo, dei suoi bisogni. La dipendenza del bambino nei confronti dell'adulto non deve cristallizzarsi. Essa è solo una tappa verso l'indipendenza, non deve rappresentare un rischio di renderlo passivo.

Appena il bambino cammina autonomamente, è importante introdurre la nozione di cooperazione nella nostra relazione con lui. Lo invitiamo il più possibile a fare cose con noi. La partecipazione all'esecuzione delle varie attività della vita quotidiana è una tappa fondamentale verso l'autonomia. Affinché un giorno sappia fare le cose da solo, è necessario che prima le faccia insieme a noi. È attratto dalle attività quotidiane come tagliare una banana, passare la spugna, stendere i panni, mettere i piatti nella lavastoviglie, asciugare il tavolo, usare un piccolo aspirapolvere, adoperare uno scopino. Tutte azioni che lo coinvolgono in un'attività collettiva, in quanto vissute in collaborazione con noi, in una relazione e nella trasmissione di un'abilità. Quando invitiamo il bambino a partecipare alle attività pratiche, non aspettiamoci che le esegua perfettamente. Non facciamogli sentire che non ci riesce, se così fosse. L'importante è coinvolgerlo. Lo scopo non è che il piccolo riesca a fare le cose da solo in questa fase dello sviluppo, ma che si costruisca psichicamente organizzando il pensiero di pari passo con le sue azioni. Grazie al nostro sguardo amorevole un giorno ci riuscirà. Facciamo in modo che esegua le attività con soddisfazione, sistemando uno spazio adatto a lui, oppure un tavolinetto dove possiamo disporre gli oggetti di cui ha bisogno, in ordine di utilizzo. Attraverso il rapporto di collaborazione con noi, il bambino si struttura sul piano motorio, psichico e psicologico: si adatta alla vita reale e accresce la fiducia in se stesso. Invitiamo dunque i bambini a collaborare con noi, coinvolgiamoli nella vita reale e non ostacoliamoli nelle iniziative spontanee. Il bambino ha bisogno di essere attivo e di maneggiare gli oggetti veri e non i giocattoli. Non vuole una vita a parte, non vuole fare finta. Ha bisogno di vivere la vita vera insieme a noi.

Da 15 mesi a 3 anni

Il bambino tende ad aumentare gli esercizi fisici intensi che Maria Montessori chiamava i «massimi sforzi». Si pone delle sfide che implicano forza e notevole impegno, come per esempio trasportare un oggetto molto pesante o ingombrante, camminare su lunghe distanze, fare salti, arrampicarsi. Imprese che a volte ci sembrano insormontabili e rischiose; tuttavia, se lo lasciamo fare, ci riesce. Ciò gli dà una duplice sicurezza: fisica e psicologica, perché percepisce se stesso come una persona forte che riesce in quello che fa. Ma questo succede solo se non lo abbiamo disturbato mentre agisce. Perché spesso, se non siamo consapevoli del suo bisogno di massimo sforzo e della sua volontà, tendiamo a intervenire fornendo aiuto e bloccando il suo piano che ci sembra pericoloso. In queste missioni che il bambino si prefigge vengono messe in campo la sua forza, la sua volontà, il suo senso dell'impegno, così come la perseveranza e il piacere di riuscire. Quando è giunto al termine è fiero di sé, prova soddisfazione per un lavoro ben fatto. Una sensazione che arricchisce la sua capacità di fare cose. È veramente importante che il bambino possa andare fino in fondo alle sue iniziative e ne tragga un'esperienza positiva che gli dia fiducia in sé e nelle sue risorse.

Il lavoro fisico alimenta la sua piena realizzazione psicologica. Se ne siamo consapevoli, possiamo aver maggiore rispetto per le sue iniziative, ovviamente vigilando sulla sua sicurezza. Possiamo anche incoraggiarlo se ce n'è bisogno, ma lasciando che giunga da solo alla vittoria. Capirà allora che, impegnandosi, si arriva alla meta. Saprà che a volte occorre raddoppiare gli sforzi, ma che può, da solo, raggiungere gli obiettivi prefissati. Non è forse un tesoro che gli sarà utile tutta la vita? Soprattutto nella nostra epoca dove i bambini, una volta adulti, sono costretti a reinventarsi e a cambiare più volte mestiere. Ciò richiede la capacità di reagire allo scoramento e alle frustrazioni.

«Non fare questo, non fare quello...», «È troppo pesante», «Attento che cadi...». Capita a tutti un giorno o l'altro di pronunciare queste parole, a un bambino che si sta lanciando in una grande avventura! È l'espressione della nostra ambivalenza. Vogliamo quanto di meglio per il bambino, ma ecco che lo freniamo mettendolo in guardia con parole negative che sono di malaugurio e lo bloccano. Sono riflessi condizionati di chi cerca di auto-proteggersi. Mettiamo da parte queste espressioni e enfatizziamo gli avvertimenti amorevoli e incoraggianti, meglio se uniti a uno sguardo silenzioso e protettivo.

Lo sguardo ha una grande importanza nella relazione e nella comunicazione. Guardandosi reciprocamente i due protagonisti della relazione entrano in contatto in profondità e si trasmettono molte cose, più che con le parole. Quando mi rivolgo a un bimbo per dire qualcosa di importante, entro subito in sintonia con lui agganciando il suo sguardo, persino esplicitando: «Guardiamoci negli occhi, comunichiamo». Ci mettiamo così sulla stessa frequenza, ci captiamo meglio!

Creiamo una relazione di qualità

Per avere una relazione di qualità, c'è una parola-chiave: collaborazione. Evitiamo di sentirci superiori al bambino. Certamente abbiamo vissuto di più, siamo passati per quella fase, ma dobbiamo essere coscienti che ci troviamo di fronte a una persona, non a un piccolo, non a un futuro adulto, ma a una persona che si sta formando, una persona già a pieno titolo. Mettiamoci al suo posto. Ricordiamoci del bambino che siamo stati. La qualità della relazione che abbiamo avuto con gli adulti che avevamo intorno, di cui abbiamo ricordo, è quella che ci ha formato. Prestiamo molta attenzione alla relazione con tutti i bambini.

Per assicurare una buona qualità di relazione, aiutiamo il bambino a imparare da solo. Nell'apprendimento, il bambino in tutti i campi si basa su **tre competenze**:

- organizzarsi
- concentrarsi (ignorare le distrazioni)
- procedere per tentativi (cambiare strategia in corso d'opera, se la prima non funziona).

In altre parole, il bambino costruisce i suoi saperi assumendo l'atteggiamento del ricercatore. Fa delle ipotesi, poi dei tentativi e infine corregge, deduce, osserva, trae delle conclusioni. Possiede un pensiero ipotetico-deduttivo. Si pone degli obiettivi e cerca di raggiungerli mettendo in moto la sua memoria immediata e le sue osservazioni. Concentra l'attenzione sulle ricerche senza lasciarsi distrarre. E se le ipotesi di partenza non funzionano, le modifica.

Queste tre competenze, però, non sono innate. Ogni bambino deve svilupparle con l'esercizio. Ed è per questo che dobbiamo lasciarlo esercitare. Dobbiamo tollerare e accettare questo "addestramento" anche se può disturbare la calma della nostra vita, addirittura incoraggiarlo! La qualità della relazione bambino/adulto si fonda su tale accettazione. Se accompagniamo le esplorazioni del bambino, con la certezza che un giorno riuscirà nell'intento, anche se il successo non sarà immediato, si instaurerà una relazione di fiducia, a beneficio di tutti.

Può succedere che il bambino piccolo lasci una frase a metà, o si faccia distrarre o assalire da un'emozione, o ancora che non ritenti dopo un tentativo fallito. È dai 3 anni in poi, nel percorso verso l'autonomia, che si sviluppa il suo potenziale di memoria, di organizzazione, di gestione delle emozioni e delle situazioni. Ma perché ciò avvenga, dobbiamo aiutarlo a potenziare il prima possibile le sue capacità, lasciandolo «fare da solo» e incoraggiando l'indipendenza.

«Infatti, se insegnavamo loro una precisione esatta nell'azione, proprio questa precisione sembrava trattenere il loro interesse. Avere uno scopo reale da raggiungere nelle loro azioni, questo era il movente primo, ma il modo di eseguirlo esattamente era il sostegno per rendere costante il bambino e portarlo quindi a realizzare qualche progresso nello sviluppo»

Maria Montessori[4]

Perciò esprimiamo in parole lo scopo delle nostre azioni, mostriamo con calma come le realizziamo, spiegando tutti i dettagli per la loro buona riuscita. Cerchiamo di coinvolgerlo in modo che le esegua a sua volta e osserviamolo mentre prova da solo, incoraggiandolo con lo sguardo o magari con dei commenti. Coltiviamo, cioè, un rapporto di collaborazione.

Il tempo trascorso alla guida del bambino, dalla nascita ai 3 anni, gli permetterà in seguito di saper fare delle scelte, di cavarsela e di esprimere le proprie percezioni ed emozioni. Il tempo dedicato a lui e la nostra dispo-

[4] M. Montessori, *La mente del bambino. Mente assorbente*, Garzanti, Milano 1999, p.184.

nibilità nel periodo della sua dipendenza iniziale lo renderanno ancor più indipendente e autonomo a lungo termine. La qualità della nostra presenza è fondamentale.

Prendiamoci cura di noi stessi per coltivare la relazione

Per prendersi cura di qualcuno e di una relazione, bisogna essere in gran forma. Quindi, per prenderci cura del bambino, prendiamoci cura di noi. Trattiamoci bene rilassandoci, praticando sport, viziandoci un po'. Lasciamoci andare e coltiviamo il buonumore. Scegliamo per cosa lottare, non pretendiamo troppo, e non in ogni momento. Tutto sarà più disteso e propizio alle relazioni armoniose. Ci aiuterà a rimanere disponibili e pazienti. Perché, non dimentichiamolo, il bambino sente tutto. No ai rapporti di forza, sì alla leggerezza!

Per portare avanti la missione di osservatore, modello, guida e parte di una relazione, dobbiamo mettere in atto una strategia personale, un'introspezione. Occorre consapevolezza, riflessione, perché possa nascere un «nuovo educatore», come diceva Maria Montessori: un adulto maturo e sereno, capace di prendere le distanze da se stesso per concentrarsi sul bambino. Un adulto che provi a mettersi nei suoi panni per capirlo, senza dimenticare il suo ruolo di adulto. Si deve essere in grado di capire il punto di vista e i bisogni del bambino restando nello stesso tempo al proprio posto. Ciò richiede in un primo momento una vera preparazione, una presa di coscienza, e in seguito un lavoro interiore per abbandonare la tendenza di molti adulti a un comportamento «tirannico» nei confronti del bambino, come diceva Maria Montessori. Si deve resistere all'egoismo e «rivestirsi di carità».[6]

«Dobbiamo essere educati, se desideriamo educare»
Maria Montessori[5]

[5] M. Montessori, *Il segreto dell'infanzia*, (1950), Garzanti, Milano 1999, p. 204.
[6] Ivi, p. 91.

«Il concetto fondamentale per l'educazione è dunque di non divenire un ostacolo allo sviluppo del bambino. Fondamentale e difficile, non è il sapere quello che dobbiamo fare, ma il comprendere di quale presunzione, di quali stolti pregiudizi dobbiamo spogliarci per renderci atti all'educazione di un bambino».[7]

Il nostro ruolo di adulti è quindi fondamentale, tanto più che siamo i gestori di altri due elementi essenziali: l'ambiente e il sostegno allo sviluppo.

Prepariamo un ambiente adatto al bambino

Maria Montessori definisce «ambiente» un habitat preparato, ovvero un insieme di condizioni materiali, psicologiche, culturali, sociali e spirituali in cui il bambino evolve. È un fattore essenziale di sviluppo. Un ambiente adatto ai suoi bisogni permette al piccolo di adattarsi a poco a poco alla vita. Creando l'ambiente nel quale sarà accolto il bambino, agiamo in modo indiretto sulla sua educazione. Gli offriamo un universo adatto alle sue necessità. Soprattutto fra 0 e 3 anni, l'ambiente è il modo migliore per agire sul bambino. Dobbiamo essere sempre attenti e aver cura di adattare l'ambiente ai bisogni del bambino in funzione del grado di sviluppo. Ciò facilita la sua autonomia e migliora l'atmo-

«È noto che la nostra pedagogia considera l'ambiente di un'importanza così grande che ne fa il fulcro centrale di tutta la costruzione pedagogica»
Maria Montessori[8]

[7] M. Montessori, *Il bambino in famiglia*, cit. p. 50.
[8] Id., *Il segreto dell'infanzia*, cit. p. 82.

sfera familiare. Anziché passare la vita a dire di no, organizziamo lo spazio nel quale il piccolo possa dire sì alla vita!

Privilegiamo un universo semplificato che tenga conto dei suoi periodi sensitivi

Noi siamo i garanti di un ambiente sereno e ordinato. Facciamo anche in modo che sia ricco di opportunità per fare esperienze e che incoraggi l'attività spontanea del bambino, tenendo conto dei suoi bisogni legati ai periodi sensitivi dell'ordine, del perfezionamento dei sensi, del movimento, del linguaggio e della relazione.

Offriamo l'ordine

Ciò di cui il neonato ha principalmente bisogno è la pace: un ambiente sereno, affinché i primi tempi siano come una camera di decompressione tra la vita *in utero*, così morbida, e la vita tonica dopo la nascita. A questo proposito, il *leitmotiv* è: semplificare l'universo del bambino. Significa che preferiremo per lui delle tinte unite nei toni pastello, dei materiali morbidi e, soprattutto, misureremo con attenzione la quantità di stimoli.

Affinché il neonato controlli tutte le nuove sensazioni, assicuriamoci che non sia sommerso di stimoli, che non siano troppi e troppo vivaci. La tinta unita di uno sfondo consente di mettere meglio a fuoco i soggetti in primo piano. Allo stesso modo l'universo del neonato dev'essere sobrio per consentirgli di concentrare l'attenzione su un oggetto alla volta. Le informazioni nuove e le esperienze inedite sono talmente numerose che è preferibile distanziarle una dall'altra per essere percepite meglio dal piccolo, che in questo modo può analizzarle e interiorizzarle. Per esempio, cerchiamo di stimolare l'udito, la vista, il tatto, ognuno separatamente, non necessariamente allo stesso tempo. L'ambiente deve stimolare ma non sovrastimolare.

Il piccolo ha bisogno di ordine, insistiamo su questo punto, è un'esigenza primaria che gli permette di orientarsi, esplorare in sicurezza, organizza-

Emmi Pikler
o l'educazione insolita

Un asilo nido all'Istituto Loczy (Ungheria)

La relazione è un'interazione fatta di gesti, sguardi e parole. Emmi Pikler, celebre pediatra ungherese, all'indomani della Seconda guerra mondiale ha diretto l'asilo nido di Loczy a Budapest. La struttura accoglieva orfani di guerra ancora lattanti che venivano curati in modo inedito all'epoca, per ovviare all'insorgere di problemi legati alla degenza in ospedale. Incoraggiava l'attività libera e scelta dal bambino fin dalla più tenera età. Raccomandava in particolare la libertà di movimento, seguendo i ritmi del bambino, senza intervento degli adulti, perché il movimento è una cosa che non si insegna. Secondo la Pikler, infatti, questa si sviluppa armoniosamente senza intervento esterno, se non con l'esempio. L'educatore accompagna il bambino con lo sguardo, ma non deve stimolarlo troppo psichicamente.

Emmi Pikler sottolineava l'importanza della cura e del benessere fisico, insistendo sulla verbalizzazione delle azioni rivolte al bambino quando viene accudito, in modo che lui possa anticipare le mosse e diventare consapevole di sé e del proprio corpo. Il suo lavoro e le sue ricerche hanno dato origine a un metodo chiamato «educazione insolita», che ancora rappresenta un punto di riferimento in tutto il mondo. L'associazione Pikler International, sostituita da Pikler Loczy-France e presieduta dallo psichiatra infantile Bernard Golse, è sempre molto attiva presso tutti coloro che si interessano alla prima infanzia e alle buone relazioni tra adulti e bambini.

Per rimediare all'assenza dei genitori, l'Istituto Loczy assegnava ciascun bambino a un numero ristretto di puericultrici perché fosse in relazione sempre con le stesse persone. Il bambino poteva così sperimentare la costanza nei modi in cui era trattato. Questa costanza aveva l'effetto di rassicurarlo, fatto fondamentale in questo momento della sua formazione. Le puericultrici gli spiegavano nel dettaglio tutte le cure, parlando a lungo, in modo da coltivare la relazione e sviluppare il linguaggio. Questo tipo di accudimento del bambino era una vera novità per l'epoca.

Emmi Pikler diceva che se aiutiamo eccessivamente il bambino a risolvere i problemi, lo priviamo di ciò che a lei sembrava essenziale: lo sviluppo mentale, poiché impara esercitandosi e trovando le proprie soluzioni.

Emmi Pikler ha posto l'accento su quattro punti fondamentali:

- Il processo di sviluppo del bambino è programmato dalla natura, è spontaneo, ha un ordine preciso, ciascuno con i suoi tempi, non strettamente legati all'età, basta che non venga ostacolato, non si impongano troppe condizioni o venga mal orientato.
- Il rispetto dell'attività spontanea del bambino svolge un ruolo importante nel suo sviluppo, poiché gli procura piacere, gioia, interesse, concentrazione, gestione dello sforzo e perseveranza.
- Senza il rispetto dell'ordine e del ritmo dei progressi naturali del bambino, questo processo avviene in maniera meno armoniosa. Per esempio, mettere il piccolo in una postura quando non è ancora il momento giusto, lo priva della gioia della conquista e anche della fiducia che potrebbe procurarsi.
- Per rispettare i suoi tempi, è importante l'intimità e un buon rapporto tra l'educatore e il bambino, come pure è importante organizzare uno spazio che agevoli la libertà di movimento.

re le sue sensazioni e percezioni, e dunque strutturarsi psichicamente in un ambiente sereno. Non dev'essere un ordine rigido e paralizzante, ma una sistemazione gradevole, che offra punti di riferimento. Perché assorba il senso dell'ordine, prepariamo al bambino una stanza dove ogni cosa abbia un posto. Il fatto di ritrovare le cose sempre nello stesso posto gli dà i punti di riferimento. Facciamo in modo che possa avere accesso alle sue cose. Curiamo l'ordine a misura di bambino, ma anche in funzione della routine quotidiana, secondo lo svolgimento della giornata. Prendiamo l'abitudine di mettere a posto quello che abbiamo usato e invitiamo il bambino a fare altrettanto. Deve far parte delle normali attività e lo renderà partecipe della cura del suo ambiente.

L'invito all'ordine è anche invito alla pulizia: anziché temere che il bambino tocchi degli oggetti sporchi, accertiamoci che alla sua portata ve ne siano di puliti, per lo meno in casa.

Insomma, offrire l'ordine è soprattutto dare stabilità e costanza alla relazione. Il bambino per essere sereno ha bisogno di costanza. Aspira a un continuum, a un'armonia nel modo di essere considerato, coccolato, amato. L'approccio Pikler-Loczy dà grande importanza alla continuità nella relazione.

Facilitiamo il perfezionamento dei sensi

La prima infanzia è il periodo in cui cominciano a funzionare pienamente i sensi. I sensi hanno bisogno di essere stimolati per affinarsi, e di svilupparsi perché il bambino li possa perfezionare. È un arricchimento reciproco e concomitante. Più l'ambiente stimola i sensi del piccolo, più questi si sviluppano. O anche, più si sviluppano, più il bambino può recepire gli stimoli dell'ambiente. Il piccolo ha bisogno di esperienze sensoriali per dar modo ai 100 miliardi di neuroni di svilupparsi e connettersi. Teniamo presente che il bambino distingue meglio il bianco e il nero dai colori, e che ama le immagini semplici e a contrasto. C'è bisogno di tempo per focalizzare la sua l'attenzione e cogliere le sfumature della percezione. La pedagogia montessoriana propone attività semplici per stimolare i sensi uno alla volta, senza esagerare. Troverete numerose altre idee più avanti nel capitolo.

Facilitiamo il movimento intelligente

Sin dai primi momenti il bambino si costruisce muovendosi, anche se i suoi movimenti sono inizialmente impercettibili. I movimenti che hanno uno scopo definito contribuiscono alla costruzione della struttura psicomotoria.

Per quanto possibile, è opportuno facilitare lo sviluppo naturale dei movimenti del piccolo. Per esempio, è bene non metterlo seduto se non tenta di farlo da solo. È bene invece facilitare i suoi spostamenti offrendogli spazi sicuri e confortevoli, scegliendo un abbigliamento comodo, perché possa muoversi liberamente. Dobbiamo adeguare l'abbigliamento alle fasi della crescita. I vestiti fanno parte del contesto del bambino e sono importanti perché ci vive a contatto. Diamogli un abbigliamento confortevole che agevoli il movimento. Per esempio, per tutti i giorni, evitiamo i vestitini per le bambine che non sanno ancora camminare, perché impediscono di gattonare; i body e le salopette per i bimbi che hanno appena smesso di usare il pannolino o stanno provando a toglierlo, perché non sono pratici, poi ancora le scarpine difficili da allacciare da soli ecc.

Intorno ai 7 mesi, quando il bambino comincia a stare seduto, possiamo offrirgli un cuscino a U, un cuscino per l'allattamento, che serve da spalliera, ed è preferibile a una sdraietta. A questa età, infatti, è meglio stare eretti che allungarsi, è un modo per affrontare l'ambiente circostante e potersi muovere. Più avanti, quando cammina, il bambino ha la possibilità di esercitarsi nei movimenti e portare a compimento le sue azioni, progredisce compiendo delle piccole missioni che si prefigge lui stesso, e ponendosi sfide personali come spostare una sedia o sollevare un oggetto pesante. Scopre che può agire sull'ambiente. Ciò gli conferisce una sensazione di indipendenza e di fiducia in sé.

Incoraggiamo il linguaggio e la relazione

Al bambino piace quando parliamo con lui, fin dai primissimi giorni. Il linguaggio usato dalle mamme con i loro piccoli viene detto «palatalizzazione» o *baby talk*. È un linguaggio melodioso e spesso con toni acuti, che attira l'attenzione del bambino. Lui assorbe molto rapidamente la musicalità della lingua e spesso la riproduce ancor prima di parlare. Non è ancora in grado di pronunciare delle parole, ma può già canticchiare piccole melodie. Rispondiamo a queste lallazioni attribuendogli un senso: è una vera comunicazione. Istintivamente, ripetiamo almeno una volta ciò che diciamo al bimbo. La ripetizione gli permette una migliore acquisizione di linguaggio.

Poiché è considerato dalla nascita un essere destinato a parlare, il bambino parlerà qualche mese dopo. Costruisce il proprio linguaggio nella relazione con l'altro. Il linguaggio non si insegna, si sviluppa da solo.

Un ambiente che si adatta al bambino e che adatta il bambino all'ambiente

L'organizzazione dell'ambiente per il bambino facilita la sua evoluzione, secondo le tappe della crescita. Lo scopo dell'organizzazione ragionata della casa è che il piccolo si senta sempre a suo agio nelle fasi del suo sviluppo personale. È auspicabile che si senta «a casa sua» e non un intruso in un mondo di adulti. Quando cresce in uno spazio adatto a lui, acquisisce fiducia e autonomia.

Nella primissima parte della sua vita, il neonato è in tale simbiosi con i genitori che spesso divide con loro la stanza. Ciò permette di rassicurarlo se ce ne fosse bisogno, e di tranquillizzare anche i genitori che possono in questo modo vegliare sul bambino, senza la fatica di andare da una camera all'altra. Nel primo periodo quindi lo spazio personale del piccolo si riduce al suo lettino.

Il lettino

Il *topponcino*

Appena nato, offriamogli un bozzolo avvolgente. Il neonato se ne sente fasciato e gli dà la sensazione del ventre materno. Si sente avvolto, come in un grembo. Maria Montessori raccomandava l'uso di quello che chiamava il *topponcino*, una sorta di coperta fasciante, un materassino di circa 40x50 cm, rivestito di tessuto assorbente e setoso in cui adagiare il neonato. Questo piccolo materasso morbido si adatta alla forma del corpo del neonato offrendo un fermo sostegno alla testa e alla schiena. Inoltre consente di spostarlo senza toglierlo da questa base, cosa che gli dà un senso di sicurezza. In questo modo lo si prende con maggiore delicatezza, ma anche saldamente. Il *topponcino* può essere messo di volta in volta nella culla, su un letto più grande o sul fasciatoio. Il piccolo può anche starci durante le poppate. In tutte le situazioni si sente protetto in questo spazio intimo, dove gli odori e la temperatura sono costanti e rassicuranti. Il *topponcino*, o un'altra copertina fasciante, deve accompagnare il neonato nelle prime tre settimane di vita. Lo abitueremo progressivamente a stare nella culla senza *topponcino,* che può essere sostituito dal sacco-copertina classico o da quello a forma di vestitino con le maniche.

La nanna da soli o la nanna in compagnia?

Per quanto riguarda il momento in cui il neonato lascia la camera dei genitori, non c'è una ricetta universale: varia infatti secondo i paesi e il tipo di famiglia. Dormire nella stanza dei genitori non vuol dire dormire nel loro letto. Il neonato può avere uno spazio che non è necessariamente il letto dei genitori. Anche in questo caso è una scelta personale. La mia opinione è che sia una buona cosa tenere conto che il neonato, come gli altri mammiferi, deve dormire vicino ai genitori nei primi tempi. Ciò gli dà la sicurezza che gli permetterà piano piano di non avere più bisogno di tale condivisione. Non deve durare troppo per non creare dipendenza che ostacola, a lungo andare, la capacità del bambino di star bene per

.../...

conto proprio e di riaddormentarsi da solo dopo i micro risvegli notturni. Anche la qualità del sonno dei genitori è molto importante. Se il piccolo dorme nel letto dei genitori, loro dormono male per paura di disturbarlo. Si deve trovare l'equilibrio tra il contatto fisico e la distanza. È tutta una questione di equilibrio, ma più tardi il neonato si abituerà a dormire nella sua stanza, più sarà complicato.
Per la mia esperienza, i miei figli hanno dormito in culla nella nostra camera e credo che, a seconda dei casi, vada bene da uno a due mesi e mezzo.
Qualche volta succedeva che finissero la nottata nel lettone perché ci addormentavamo durante le poppate, ma la maggior parte delle volte i piccoli ritornavano nella culla vicino al mio letto, per avere un sonno più tranquillo. Intorno ai due mesi il lettino veniva sistemato nella stanzetta, così che con questo allontanamento si evitava il risveglio del bambino per via dell'olfatto.
Il piccolo, come tutti i mammiferi, sente l'odore del latte e della madre. La culla durante la giornata può essere trasportata senza che il suo sonno ne sia disturbato.
Al contrario, viene cullato dalla presenza dei suoi cari.
In seguito, quando il sonno del bambino diventa più fragile, dobbiamo farlo dormire nella sua stanza.

★ La culla

La culla ideale dovrebbe essere di 45x85 cm perché il bambino non si senta smarrito. È poco profonda perché il campo visivo del piccolo sia il più ampio possibile, ovviamente stando attenti che non ci siano pericoli. Il colore interno dev'essere una tinta neutra e tenue. Si può mettere una tendina

per sfumare la luce nel caso sia troppo forte, soprattutto nei primi tempi. Poi la useremo sempre meno per non impedire la visibilità. Le vecchie culle erano molto profonde per garantire la sicurezza dei piccoli che sono in grado di sporgersi, una volta più grandicelli, ma hanno l'inconveniente di impedire la vista del bambino e di isolarlo, lasciandogli scorgere solo il soffitto e le persone che si chinano su di lui. È un peccato perché i neonati imparano molto seguendo le persone con lo sguardo. Se avete una culla troppo profonda, potete comunque sollevare il materasso con un altro di schiuma, tagliato a misura. La culla viene usata fino a circa 6-9 mesi, in base alla crescita e mobilità del bambino.

Il lettino basso

Dopo la culla il piccolo dome in un lettino. A partire dai 2 anni,[9] per facilitare la libertà di movimento, Maria Montessori suggeriva l'uso di un

[9] M. Montessori, *The 1946 London Lectures, cit.,* Montessori-Pierson Publishing House, Laren 2012.

lettino quadrato che permetteva al bambino di trovare la sua posizione, e soprattutto un letto basso, come un materasso per terra. Consente al bambino di uscirne, di non cadere e di non stare dietro le sbarre. Fin dal risveglio il movimento è così incoraggiato, come pure l'esplorazione. Maria Montessori definiva il letto con le sbarre «un'eresia», un intralcio allo sviluppo intellettuale dei bambini, perché li obbligava a dormire troppo spesso e troppo a lungo!

Il lettino basso che lei raccomandava, invece, permette al bambino di partire in esplorazione fin dal risveglio, ma anche di andare a fare il riposino spontaneamente. Inoltre, consente al piccolo di guardare il mondo senza ostacoli visivi. Questa formula ideale è tuttavia piuttosto impegnativa in termini di vigilanza. Se facciamo questa scelta, è necessario controllare che nella stanzetta tutto sia perfettamente in sicurezza: prese elettriche protette, nessun filo di lampada da poter tirare, dovremo togliere gli oggetti pesanti e in bilico... E la porta deve sempre rimanere chiusa, soprattutto se ci sono scale nei paraggi. Insomma, non è facilissimo da attuare, specialmente se ci sono fratelli e sorelle. L'ho sperimentato personalmente, e molto apprezzato, per la mia figlia maggiore.

Per il fratellino, nato dopo meno di 2 anni, ho deciso di non usarlo, perché divideva la stanza con la sorella e la porta poteva essere aperta, con le scale nelle vicinanze. Ho provato vari tipi di sistemazione con i miei cinque figli e la formula che alla fine trovo più adatta, quando ci sono altri fratelli, è l'uso del lettino da campeggio, con un buon materassino di almeno 11 cm. che ha i fianchi trasparenti fatti di tela a nido d'ape e con un lato scorrevole per poterlo aprire. In questo modo il bambino ha uno spazio privato, vicino al pavimento, sicuro, con un'eccellente visuale e con l'opportunità di uscire e rientrare dal letto quando lo desidera, se le circostanze lo consentono. Mi sembra un buon compromesso nel periodo tra i 9 mesi e i 2 anni. Inoltre il lettino da campeggio permette al bambino di stare sempre nello stesso spazio, a casa come altrove. Una volta abituato al letto aperto, il materasso per terra può allora sostituire il lettino da campo, preferibilmente verso i 2 anni.

La stanza

Proviamo a pensare alla stanza prima della nascita del bambino, per essere più disponibili al momento del suo arrivo. Privilegiamo le pareti a tinta unita con qualche decorazione, per un ambiente sereno. È preferibile qualche immagine che si noti, piuttosto che un sovraccarico di stimoli difficili da decodificare. Gli studi scientifici hanno dimostrato che la sobrietà visiva aiuta lo sviluppo della concentrazione e dell'intelligenza, quindi dobbiamo metterla in atto. Prepariamo uno spazio calmo, depurato, estetico dove tutto è frutto di una attenta scelta e in cui ogni cosa sia collocata all'altezza giusta per il bambino. Tenere pochi oggetti facilita anche l'ordine, essenziale per il corretto sviluppo del bambino, come abbiamo visto. Il bambino assorbe l'atmosfera che regna nella sua stanza. Ribadisco: **semplificare l'universo del bambino**.

Perché la sua stanza sia adatta al riposo e alla veglia, per quanto possibile, **dobbiamo diversificare le varie zone, una per il sonno, una per la veglia e un'altra per le cure**. Organizzando questi spazi, pensiamo a come li vedrà il bambino. Progettandoli, mettiamoci nei suoi panni. Per esempio, quando pensiamo al posto dove sistemare il lettino, chiediamoci che cosa vedrà il piccolo quando si addormenta o si sveglia. Facciamo in modo che veda qualcosa di calmo per addormentarsi e qualcosa di interessante al risveglio. Facciamo attenzione anche alla sorgente di luce naturale.

Nella zona di attività, mettiamo un tappeto; va bene anche un futon, dove il bambino svilupperà la sua motricità, con i suoi tempi. Il bambino passerà molto tempo a osservare ciò che lo circonda. Vicino, mettiamo un piccolo scaffale sul quale saranno disposti i primi giocattoli che gli offriremo in maniera alternata. Crescendo, gattonerà per andare a prenderli. La sua motricità sarà stimolata. Io avevo messo un acquario con due pesci, uno rosso e l'altro arancione: mio figlio li osservava e li seguiva con lo sguardo con immenso interesse e un'intensa concentrazione. Un fantastico *mobile* naturale.

Vicino al tappeto, possiamo appendere uno specchio grande abbastanza perché il bambino riesca a vedersi per intero. Lo specchio, messo in orizzontale, gli permetterà di scoprirsi, di riconoscersi, di farsi delle mosse, di giocare con la propria immagine e di spingersi verso la sua immagine riflessa. Ciò contribuisce alla sua presa di coscienza individuale. Più tardi lo specchio sarà posto in verticale e gli consentirà di vedersi in tutta l'altezza della figura, aiutandolo a vestirsi da solo e incoraggiandolo a prendersi cura di sé autonomamente, a controllare che il visetto sia pulito, che sia ben pettinato, che tutto l'aspetto sia curato. Ciò favorisce la sua autonomia.

Installiamo due o più mensole sulle quali mettiamo gli oggetti e i giocattoli che daremo al bambino. Successivamente possiamo disporvi anche piattini e scatole per le varie attività. È meglio mettere i giochi su una mensola piuttosto che dentro dei contenitori, poiché questi portano a mettere tutto alla rinfusa. Prendiamo delle scatole, facilmente riconoscibili (con una foto, un disegno o un'etichetta), in modo che il bambino possa raggiungerle. Il principio è che tutto sia accessibile per incoraggiare la sua autonomia.

Una buona idea è di non presentare i giocattoli tutti insieme, ma uno alla volta in modo da suscitare il suo interesse. Quando organizziamo una rotazione di giocattoli, cerchiamo di privilegiare i preferiti del momento.

Altri elementi importanti della stanza del bambino: un posto confortevole dove leggere comodamente, come una poltrona, un pouf o un divanetto. L'idea è di creare uno spazio piacevole che incoraggi i momenti di calma in cui il bambino passerà del tempo con un libro o con un adulto che glielo legge o gli racconta una storia. È anche un luogo di scambio favorevole alla conversazione, un luogo per i bei momenti.

Poi, naturalmente, una piccola biblioteca o delle mensoline con qualche libro adatto all'età del bambino. Anche in questo caso, facciamo in modo che siano accessibili e stabili.

Dobbiamo anche controllare che i quadretti e gli specchi nella stanza del bambino siano attaccati a un'altezza che gli consenta di goderne. Lo stesso vale per gli attaccapanni, l'armadietto dei vestiti e gli scaffali, che devono essere posti all'altezza giusta perché siano raggiungibili. Vogliamo che il piccolo possa fare il maggior numero di cose da solo.

Attacchiamo delle foto di famiglia, del bambino e, preferibilmente un albero genealogico con delle foto che aiutino il bambino a capire il suo posto nella famiglia. In seguito, possiamo mettere un calendario annuale con la pagina del mese o una linea del tempo, cioè un cartellone in lunghezza che rappresenti l'anno in maniera lineare, con una casellina per ogni giorno. Possiamo annotare gli eventi segnandoli sull'anno, così che il piccolo abbia dei riferimenti sempre più chiari (le stagioni, i compleanni, le feste principali, i week-end ecc.).

Possiamo riservare un angolo per le attività artistiche. Avrà delle protezioni per le macchie ed eventuali cadute di pennello impregnato di colore. Ma soprattutto, sarà importante insegnare al bambino a mettere a posto tutto ciò che prende e, se necessario, a pulirlo dopo averlo utilizzato, per ben conservare il materiale.

Il bagno

La pulizia è un momento privilegiato che coinvolge il bambino e la persona che lo accudisce, specialmente quando il piccolo è suo agio perché toccato con dolcezza e calma. Ciò richiede una certa organizzazione. Cerchiamo di avere sempre a portata di mano tutti gli oggetti di cui abbiamo bisogno prima di iniziare con il bagnetto. È bene preparare in anticipo i vestitini che metterà il piccolo dopo il bagno per evitare un momento di disagio, le correnti d'aria, i nervosismi se dobbiamo sceglierli con il piccolo in braccio, perché è assolutamente impensabile lasciarlo anche un secondo da solo sul fasciatoio. Controlliamo la temperatura dell'acqua e della stanza da bagno. In altre parole, facciamo in modo che il bagnetto sia un momento tranquillizzante per il bambino, un'occasione di scambi ricchi e intimi che possano costruire una relazione carica d'amore. Il contatto fisico nutre il bambino che fino a poco tempo fa si trovava in una bolla di calore. Il bagnetto è un'occasione per godere di un momento di bellissime sensazioni. Un massaggio, una coccola e soprattutto uno scambio di parole e di sguardi intensi. Diciamo a voce alta al bambino tutto quello che stiamo facendo, descrivendogli la cura che ci mettiamo, anticipandogli ciò che sta per succedere e coinvolgendolo il più possibile. Con un vocabolario preciso, trasmetteremo al piccolo oltre all'amore, il linguaggio, e lo guideremo verso l'autonomia. Per fare ciò, prendiamoci il tempo necessario per rilassarci e comunicare serenità, con gesti dolci e avvolgenti. In questo modo infondiamo nel bambino il piacere del momento presente e della relazione.

Più avanti il bagno diventerà un momento di intimità familiare che il piccolo può vivere anche con un genitore o un fratello. Esistono dei dispositivi a ventosa come sdraiette o seggiolini da bagno, che consentono al piccolo di rimanere nell'acqua a lungo, giocando in completa sicurezza sotto la sorveglianza di qualcuno che in questo modo non deve stancarsi e rompersi la schiena per tenerlo. Questo permette di prolungare il bagno, che deve durare qualche minuto nei primissimi tempi fino a diventare un lungo momento di gioia quotidiana che rilassa e prepara alla quiete notturna.

Più tardi sistemeremo un angolo del bagno in cui il bambino abbia accessibilità alla spugna, al sapone, all'asciugamano, al dentifricio, allo spazzolino da denti, al bicchiere con gli spazzolini. Esistono in commercio dei set di spazzolini adatti alle varie età. Possiamo mettere anche una piccola clessidra per indurre il bambino a non lavarsi i denti troppo in fretta. Gli insegneremo le buone abitudini fin da piccolo. Disporremo tutto il materiale su una bella mensolina che gli faccia venire voglia di lavarsi.

Facciamo attenzione che il lavabo sia raggiungibile con uno sgabellino o un gradino, che cambierà secondo l'altezza del bambino. Lo può utilizzare anche per entrare nella vasca. Per quanto riguarda il lavabo, se per lui è veramente difficile arrivarci, possiamo mettere una piccola bacinella su una mensola o un tavolinetto in un angolo del bagno. Possiamo anche appendere uno specchio all'altezza del bambino, spostandolo man mano che cresce!

Il resto della casa

All'ingresso si può mettere una panca o uno sgabello all'altezza giusta perché il piccolo possa sedersi a mettersi o togliersi le scarpe. Rendiamo raggiungibile anche il suo attaccapanni per favorire l'autonomia entrando e uscendo da casa.

In cucina non dobbiamo necessariamente stravolgere tutto, ma c'è un accessorio indispensabile dal momento che comincia a camminare: lo sgabello-scaletta o una pedana. Permette al bambino di arrivare al banco di lavoro, all'acquaio ecc. Dobbiamo stare molto attenti in quest'ambiente: è opportuno spiegare al bambino in modo chiaro tutti i potenziali pericoli e metterlo in guardia costantemente.

Preferibilmente la sedia del bambino dovrebbe seguire la sua evoluzione, di modo che abbia sempre una buona posizione e che i piedini poggino per terra senza ondeggiare nel vuoto. Il tavolo dovrebbe essere proporzionato alla sedia. Esistono in commercio anche sedie trasformabili, che si possono estendere in altezza a seconda della situazione, in modo che il pic-

colo possa sedere alternativamente sia al suo piccolo tavolino sia a quello grande per adulti, quando si trova a tavola insieme a loro.

Il bambino può anche disporre di un piccolo kit per tenere in ordine. In linea generale, invitiamo i piccoli a essere responsabili: a mettere a posto quando hanno finito le loro attività, a rifarsi il letto, a piegare i vestiti, a sceglierli, a valutare se sono da lavare o no, a sistemare la biancheria, separando quella bianca da quella colorata, a passare la spugna, a raccogliere ciò che è stato fatto cadere, a buttare le cose nella spazzatura.

Non insisteremo mai abbastanza sull'importanza delle attività pratiche. Mettono in moto tutta la capacità di concentrazione e di organizzazione del bambino. Inoltre, favoriscono la fiducia in se stesso perché lo rendono indipendente, «capace di» e orgoglioso di esserlo. Lasciamo dunque che il bambino scopra ed esplori la casa e cresca sentendosi a suo agio al 100%.

Se abbiamo la fortuna di disporre di uno spazio esterno (balcone, giardino), non tralasciamo di dotarlo di ciò che stimola il bambino a vivere quel luogo, per giocare, prendersene cura e anche fare giardinaggio!

Un ambiente che segua i ritmi e i bisogni del bambino

L'alimentazione

Il pasto è un momento di relazione

È un'occasione per riunirsi. Con il neonato, questa prossimità è molto stretta. Il corpo del bambino e della persona che lo nutre sono in contatto durante l'allattamento anche con il biberon. Questa relazione lo nutre tanto quanto il latte. Il piccolo ha bisogno di qualcuno presente e disponibile. Il biberon consente ad altre persone, quando non c'è la madre, di nutrire il bambino e presenta dei vantaggi per lei; è anche un'occasione per una terza persona di entrare in relazione col piccolo, nel sacro momento del pasto. È un legame stretto che si crea tra il neonato e la persona che lo alimenta. Specialmente nell'allattamento al seno, si stabilisce una grande intimità fisica tra i due esseri. Ma in quel momento anche l'anima viene nutrita. Il piccolo si nutre del viso e dello sguardo della mamma chinata su di lui, si immerge negli occhi di chi lo nutre. Sente il battito del suo cuore. Si nutre di latte, certo, ma anche del sentimento di benessere e di serenità. La nascita del benessere sociale e il piacere dei pasti in buona compagnia sono una caratteristica degli esseri umani. La convivialità intorno a un tavolo al momento dei pasti consente di condividere sia le parole che le pietanze. Crescendo, mangiando le pappe con il cucchiaio, il bambino si gode la relazione come quando prendeva il latte. Gli piace anche partecipare alla preparazione del cibo, lo adora tanto quanto il pasto stesso.

L'allattamento

Il latte materno ha virtù straordinarie. Inizialmente non è vero e proprio latte, ma colostro, molto ricco, ma privo di materie grasse.

Poi il latte piano piano si adegua alla crescita del neonato, poppata dopo poppata, diventando più grasso secondo il bisogno del piccolo e di quanto è in grado di digerirlo. Inoltre è il migliore alimento per combattere le allergie. L'altro vantaggio dell'allattamento è di rendere il bambino attivo durante la nutrizione, perché è lui che succhia, che si alimenta. Fino a che non è sazio, in funzione del suo reale appetito. Non ne beve mai trop-

po o troppo poco, cosa che facilita a lungo termine un buon rapporto col cibo. Fin dall'allattamento a richiesta delle prime settimane, il bambino si autoregola naturalmente e rapidamente.

Lo svezzamento

Poi arriva il momento dello svezzamento. Secondo la dottoressa Quattrocchi Montanaro, non si deve separare il cammino verso l'indipendenza biologica da quello verso l'indipendenza psicologica. In altre parole, il tempo dello svezzamento arriva quando spuntano i denti, nuovi acidi si formano nello stomaco del bambino, rendendo possibile la digestione di alimenti solidi, il tasso di ferro della mamma che allatta diminuisce nella giusta proporzione, il bambino sta seduto e durante il pasto tenta di cambiare posizione e di stare più eretto. Gattona e gli piace fare esplorazioni, allontanandosi dalla mamma. Questi sono i segnali esteriori che è pronto a staccarsi. Il tempo dello svezzamento è arrivato. Niente di complicato se è il piccolo a scegliere il momento. È successo con tutti i miei cinque figli. Un bel giorno non volevano più il latte materno e hanno smesso, a età diverse, tra i 9 e i 13 mesi. A riprova che non c'è un'età precisa per svezzarli, quando avviene spontaneamente.

Alimentazione al cucchiaio

Che si tratti di svezzamento da latte materno o da latte artificiale, quando cominciamo a diversificare l'alimentazione è meglio utilizzare un cucchiaio e non dare le pappe o il brodo con il biberon. Si deve usare il biberon preferibilmente per il latte. Arriva così il momento dell'alimentazione al cucchiaio. Si instaura una nuova relazione, altrettanto empatica. Per i primi tempi, possiamo usare un cucchiaino piccolo o uno morbido. Poi, in un secondo tempo, introdurremo progressivamente le posate: una forchettina o un piccolo coltello con la punta arrotondata. Il bicchiere non deve necessariamente avere il beccuccio, al contrario, visto che siamo a tavola. Quando il bambino mostra di voler mangiare da solo, assecondiamolo. Spesso tendiamo a rifiutarci per evitare che sporchi e che si perda tempo. Ma se il bambino vuole, è meglio seguirlo in questo suo slancio. Spesso sono pro-

prio quei bambini a cui abbiamo impedito di mangiare da soli presto che si rifiutano di farlo più tardi. Sono quelli che imbocchiamo a 3 anni! Ci sono varie astuzie per evitare che il piccolo si sporchi troppo, durante il breve periodo in cui ancora succede: possiamo proteggere la tavola e il pavimento e, se occorre, fargli indossare un bavaglino con le maniche e/o con una tasca rigida che raccolga il cibo che cade, metteremo il suo piattino su un vassoio e possiamo usare dei piattini con le ventose. Se disponiamo di tempi stretti, per avvantaggiarci, possiamo anche usare due cucchiai: uno per il bambino, con i suoi tempi, e uno che useremo noi per dargli la pappa durante gli intervalli. Questa è una tappa necessaria per l'autonomia e la fiducia in se stessi. In fondo, gli inconvenienti di pulizia non sono solo un dettaglio?

«Questo è certo un grande compito per una madre e ci vuole molta pazienza e molto amore; la madre deve nutrire contemporaneamente il corpo e lo spirito, ma lo spirito deve avere la precedenza. Occorre che essa lasci da parte momentaneamente i suoi concetti – certo lodevolissimi – riguardo alla pulizia, poiché in questo caso essi hanno un valore del tutto secondario. Il bambino che comincia a mangiare da solo non sa certo farlo bene e per conseguenza si insudicia molto. Ebbene, si sacrifichi la pulizia al suo giustificato impulso di attività».[10]

Il cibo nutre il corpo e l'anima

Il pasto deve essere equilibrato sul piano nutritivo, certo, ma anche su quello affettivo. Ricordiamoci della sua funzione conviviale e sociale. Soprattutto non deve diventare un momento di conflitto. Il bambino sa quando ha fame, lo sente, e sta bene quando mangia in proporzione al suo appetito. Non bisogna forzare il bambino a finire il piatto: non ha scelto lui la quantità. Meglio dare una porzione a misura del suo appetito o lasciare che si serva da solo. È davvero brutto buttare il cibo che lascia. Quindi è meglio servirne di meno ed eventualmente aggiungerne ancora, che sprecare quello che il piccolo non vuole proprio finire. Per alcuni, obbligare il bambino a finire il piatto è un riflesso automatico. Ma su cosa si fonda questo principio, se non sull'abitudine a sentire quella frase da piccoli? Finire il piatto non è una questione morale. La situazione di un paese o la fame nel mondo non cambierà se il bambino finisce la pappa. In compenso potrebbe perdere il riflesso naturale di nutrirsi secondo la fame che ha, cosa che, alla lunga, può avere conseguenze molto pesanti sulla sua salute.

È importante preservare e saper riconoscere il senso di sazietà. Questo vale anche per il latte preso col biberon. Perché un bambino di una certa età deve per forza bere tot decilitri di latte? Rispettiamo l'appetito del bambino come rispettiamo il nostro. Eviteremo così di trasformare il pasto da momento di condivisione e serenità in lotta di potere o, peggio ancora, in supplizio! Mi è capitato di sentire qualcuno dire a un bimbo che se non terminava il piatto, gli avrebbe tappato il naso per costringerlo ad aprire la bocca. Non arriviamo a questo punto. Facciamo in modo che il pasto non si trasformi in un duello. Altrimenti sarà percepito come un momento conflittuale sia dal bambino che dall'adulto.

[10] M. Montessori, *Il bambino in famiglia*, cit., pp. 107-108.

Evitiamo anche di tenere il piccolo in ostaggio con frasi tipo: «Non ti muovi di qui finché non avrai finito!». Perché angosciarsi se certe volte un bambino mangia poco? Ci sono diversi tipi di appetito: scarso, grande, e comunque il nostro appetito non è l'unità di misura. Tanto più che l'appetito varia. Rispettiamo quello dei bambini. Il rapporto col cibo va considerato con cautela. Molte persone sviluppano problemi di alimentazione quando questo rapporto è doloroso. Adoperiamoci affinché sia sereno.

Invece è opportuno che il bambino assaggi tutto ciò che gli viene offerto. Spieghiamogli che ha il diritto di non apprezzarlo, ma che lo deve assaggiare. Infatti, non può giudicare il gusto di una pietanza se non l'ha provata. Possiamo anche spiegargli che, a forza di assaggiare, si impara ad apprezzare i cibi, e che diventando grande, ne apprezzerà sempre di più il sapore. Rispettiamo i gusti dei bambini. Se invitiamo un amico a cena, lo costringiamo a finire il piatto?

Se vogliamo che nostro figlio abbia una vasta gamma di cibi di suo gradimento, usiamo la seduzione anziché la forza e, soprattutto, rispettiamo i suoi tempi. Il modo migliore perché abbia voglia di ampliare i suoi gusti è di fargli vedere come noi assaporiamo la varietà di cibo.

Il sonno

La qualità del sonno è fondamentale per il sano sviluppo del bambino. Dormire bene fa stare in buona salute fisica, intellettuale e psichica. La qualità del sonno ha la stessa importanza della quantità. Mentre dorme, il bimbo piccolo costruisce la sua persona. Interiorizza tutte le informazioni immagazzinate nelle ore di veglia e fa il pieno di energia.

Si deve accompagnare il sonno del bambino con semplicità, confidando nella sua capacità di autoregolarsi. Guidiamolo con tenerezza, senza rigidità e con un pizzico di fermezza, ma senza pressione né ansia. Dobbiamo fare affidamento sull'evoluzione del bambino, che è legata al suo schema di maturazione cerebrale. Non c'è dunque un'età precisa per cominciare a dormire tutta la notte, né un'età per fare uno o due riposini al giorno. Osserviamo il suo comportamento. Non esiste una ricetta o un metodo,

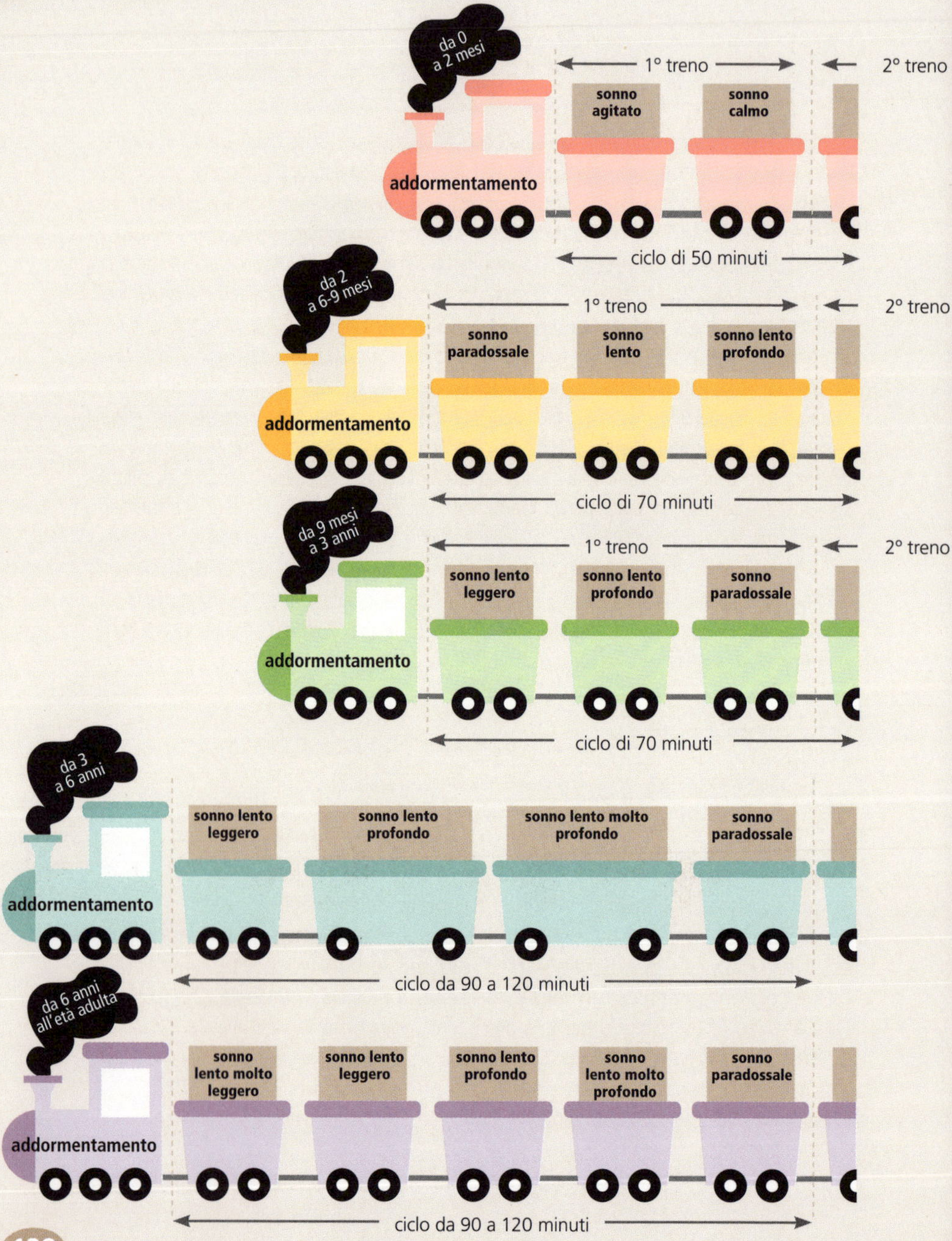
da 0 a 2 mesi
1° treno
2° treno
sonno agitato
sonno calmo
addormentamento
ciclo di 50 minuti
da 2 a 6-9 mesi
1° treno
2° treno
sonno paradossale
sonno lento
sonno lento profondo
addormentamento
ciclo di 70 minuti
da 9 mesi a 3 anni
1° treno
2° treno
sonno lento leggero
sonno lento profondo
sonno paradossale
addormentamento
ciclo di 70 minuti
da 3 a 6 anni
sonno lento leggero
sonno lento profondo
sonno lento molto profondo
sonno paradossale
addormentamento
ciclo da 90 a 120 minuti
da 6 anni all'età adulta
sonno lento molto leggero
sonno lento leggero
sonno lento profondo
sonno lento molto profondo
sonno paradossale
addormentamento
ciclo da 90 a 120 minuti

ma un ritmo personale di ogni bambino. Possiamo incoraggiare le buone abitudini, ma non possiamo imporre nulla in questo ambito.

Nei primi mesi adattiamoci ai ritmi del bambino anziché cercare di adattarlo ai nostri. Nei suoi primi due mesi di vita, il neonato ha un tipo di sonno completamente diverso dal nostro, poiché cade direttamente in uno stato di sonno paradossale profondo, con dei sogni e un'apparente agitazione. Non passa per una fase di sonno a onde lente, subito dopo l'addormentamento, come avviene invece nel bambino più grande o nell'adulto. Benché in questa prima fase il piccolo si muova molto, dorme profondamente. Questo sonno lo aiuta a costruirsi. È fondamentale preservarlo perché il sonno paradossale svolge un ruolo nella formazione cerebrale. Segue un periodo di sonno quieto. Se i suoi bisogni fondamentali sono soddisfatti, il bambino dorme serenamente, sentendosi al sicuro come se fosse ancora nel grembo materno. Il primo mese, il piccolo dorme tra le

16 e le 20 ore nella giornata, indifferentemente di giorno o di notte. È tra la quarta e l'ottava settimana, in base al peso, allo stomaco e allo sviluppo raggiunto, che a poco a poco prende coscienza del ritmo circadiano, dormendo più a lungo la notte. Da quel momento il polso, la temperatura, la pressione, tutto il suo metabolismo cambia di notte, indipendentemente da come viene alimentato. Ciò non è legato alle abitudini che noi gli diamo. Il neonato distanzia naturalmente e poco a poco le poppate notturne. Intorno ai due mesi, quando pesa circa 5 kg, comincia a dormire senza troppe interruzioni. È il momento in cui passa da sei a cinque poppate nelle 24 ore, persino a quattro, naturalmente, anche per i piccoli allattati al seno. Ma non dobbiamo preoccuparci se questo non avviene: semplicemente è presto per quel bambino.

Evoluzione della durata del sonno in base all'età

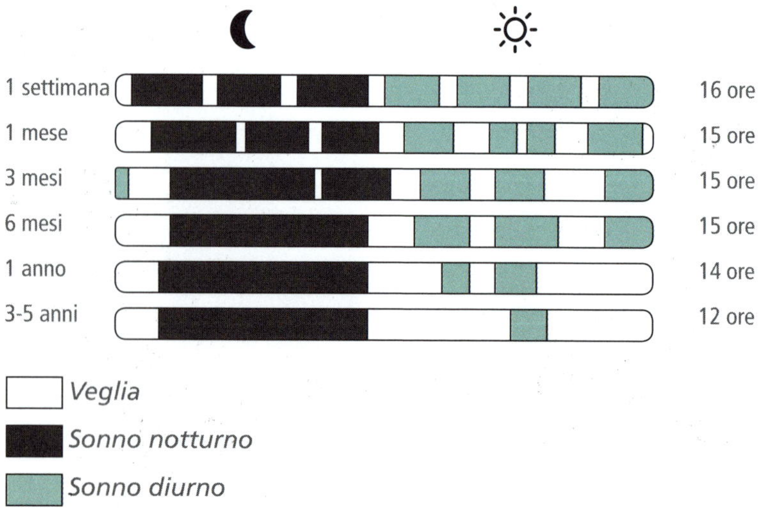

Semplici regole per aiutare il bambino a dormire bene

- Seguire il ritmo naturale del bambino nel primissimo periodo e indurlo progressivamente a fare dei sonnellini regolari, uno la mattina, uno il pomeriggio. Seguendo i suoi ritmi, rinuncerà a quello del mattino, in un'età che varia da bambino a bambino.
- Osservare e conoscere i bisogni specifici del bambino e tenerne conto. Ci sono bambini che dormono poco e altri che dormono tanto, ma la maggior parte ha bisogno di andare a letto presto per dormire tranquillamente.
- Per quanto possibile, non svegliare mai un bambino che dorme, soprattutto nelle prime tre settimane di vita, con eccezioni, ovviamente, per i piccoli con gravi problemi di salute che necessitano cure mediche.
- Instaurare una piccola routine rassicurante e piacevole prima di andare a dormire, ma senza rigidità, in modo che nessun elemento di tale routine diventi indispensabile, poiché può creare dipendenza e a lungo andare infastidire il bambino invece di rassicurarlo. È importante creare un clima disteso intorno al sonno, senza farne un obbligo. Le piccole frasi «Buon riposo, a più tardi» e «Buona notte, a domani mattina» fanno capire al piccolo se si tratta del riposo pomeridiano o del sonno notturno. Se è agitato, ricordiamogli che gli vogliamo tantissimo bene, anche quando sta dormendo. Diciamolo spesso. Possiamo offrirgli un oggetto che ha un odore familiare, e questo contribuisce a rassicurarlo, o un pupazzetto (comunemente chiamato «oggetto transizionale» dai professionisti della prima infanzia), e perché non ci si affezioni troppo, possiamo offrirgliene anche più di uno. L'idea è di non rendere questo oggetto indispensabile. Evitiamo tutto ciò che fa rimanere svegli (troppe ninnenanne, le giostrine pendenti troppo stimolanti, con luci elettriche o suoni forti, dotate di motorini). Evitando la sistematicità, scongiuriamo la dipendenza. Infine, cerchiamo di sottolineare una certa differenza di comportamento fra i pasti e i cambi che avvengono di giorno e quelli di notte, per aiutare il piccolo a fare una distinzione fra i due momenti. Perciò durante la notte dobbiamo essere estremamente calmi, parlare a bassa voce ed evitare di accendere la luce.
- Far prendere al bimbo confidenza con il suo lettino, evitando l'abitudine ad addormentarsi solo in braccio o in nostra presenza, oppure bevendo qualcosa. Cerchiamo di non correre da lui al minimo rumore se si sveglia. Lasciamogli la possibilità di riaddormentarsi, e rilassiamoci.

.../...

★ Conoscere i cicli del sonno del bambino (vedi gli schemi a pp. 128 e 130), per preservarlo meglio. Non saper riconoscere le fasi di sonno agitato del neonato e non rispettarlo può generare difficoltà nell'addormentarsi o problemi del sonno stesso, che possono durare nel tempo. Turbare i ritmi naturali del sonno del bambino piccolo vuol dire allontanare il momento in cui si stabilisce un ritmo regolare. Un bimbo stanco ha spesso l'aria sovraeccitata. Saper riconoscere questo segnale di spossatezza consente una risposta adeguata al suo bisogno di dormire. Forse il piccolo avrà bisogno di piangere per qualche minuto, ma dovremo assolutamente fare in modo che prenda sonno. Cullare troppo un bambino per farlo addormentare a volte ha l'effetto contrario e lo tiene sveglio. Ricordiamo le parole di Maria Montessori: «L'aiuto inutile ostacola». Ovvero, l'aiuto inutile disturba anziché aiutare. Cercare di addormentare un bambino a volte gli impedisce di prendere sonno.

Il *potty training*

Utilizzo volontariamente il termine inglese *potty training* invece di «pulizia», poiché mi interrogo regolarmente sull'uso di questa parola,[11] sebbene capiti anche a me di usarla spesso. Parlare di pulizia lascia intendere infatti che il bambino che porta i pannolini sia sporco. Invece non è così. Sono i genitori che hanno deciso di mettergli il pannolino, facendogli così trattenere il materiale espulso contro la pelle del bambino, ma non è stato lui a chiederlo.

Sono rimasta molto colpita nel vedere che la maggior parte dei bimbi in Cina non portano il pannolino, ma un pantaloncino tagliato nel mezzo che gli permette di fare i bisogni ovunque, senza sporcarsi. È una buona idea. Al contrario, nei nostri paesi, abbiamo l'abitudine di imprigionare il materiale espulso a contatto con la pelle del bambino, dentro pannolini perfettamente ermetici che non cambiamo neanche troppo spesso, abituando i bambini a questa sensazione che dev'essere veramente spiacevole. Non sto facendo un processo ai pannolini, che trovo comunque molto pratici, ma credo sia importante evidenziare due cose:

[11] In francese imparare a usare il vasino si dice «apprendre la propreté», cioè imparare la pulizia, *N.d.T.*

- La scelta dei pannolini bio o riciclabili (di stoffa) si sta dimostrando sensata.
- È importante sensibilizzare il bambino a fare i bisogni nel vasino: possiamo cominciare piuttosto presto, in modo che diventi parte della sua vita quotidiana.

Possiamo mettere il vasino nella sua stanza e invitarlo a poco a poco, poi con regolarità, a sedervisi e passare un momento di relax, chiacchierando, giocando con un oggetto o guardando un librino: ne esistono molti sull'argomento. Facciamolo senza il tono di «aspettarci un risultato» e un bel giorno, il bambino vi farà una sorpresa. Rallegriamoci allora e congratuliamoci con lui con entusiasmo. Questo lo incoraggia a rifarlo. Coinvolgiamolo nella pulizia del vasino e invitiamolo a tirare lo sciacquone. Sarà contento di fare come i grandi, lui che ama tanto imitarli. Lui stesso apprezzerà il fatto di essere sempre più asciutto, e così si metterà in moto l'ingranaggio positivo. Quando il bambino si regolarizza, possiamo provare a farlo stare senza pannolino, soprattutto quando è in casa. Sarà certamente più semplice nella bella stagione, ma non ritardiamo un bambino che è pronto a levare il pannolino solo perché è inverno, dicendogli che non è il momento giusto.

Da quando riesce a stare in piedi, possiamo cominciare a cambiare il bambino in questa posizione, facendolo il più possibile partecipare attivamente. Accade spesso che i bambini sensibilizzati in questo modo non abbiano più bisogno del pannolino tra i 18 mesi e i 2 anni. Per alcuni avviene simultaneamente di giorno e di notte, mentre per altri sono necessari due tempi. Ma non sono forse i genitori a voler mantenere il pannolino notturno, per paura di dover cambiare le lenzuola? Esistono in commercio delle traversine quadrate morbide e spesse, per evitare di cambiare tutto il lettino. Quando il bambino è più grande, gli consentono di farlo autonomamente in caso di incidente notturno.

L'essenziale è seguire il ritmo del bambino quando lui è pronto, perché corrisponde a una tappa del suo sviluppo cerebrale. Uno dei miei figli me l'ha fatto capire molto bene, levandosi lui stesso i pannolini che io gli mettevo. Dopo tre o quattro volte ho capito che era il momento e l'abbiamo tolto, di giorno e di notte nel giro di una settimana, a 18 mesi. È lui che ha espresso l'esigenza. Altri magari l'avrebbero rimproverato rimettendogli il pannolino, ma avevo notato che si lamentava con decisione quando si sporcava. Altri indizi mi indicavano che era pronto. Anche in questo caso, una parola chiave: osservazione. E, naturalmente, rispetto dei tempi del bambino, verbalizzazione, incoraggiamento, assenza totale di pretese e di rimproveri a riguardo, e una buona dose di pazienza!

Quando il bambino ha tolto il pannolino è bene non tornare indietro, sempre che lui non voglia. Vestiamolo con un abbigliamento pratico, evitando le salopette, per esempio, e privilegiando mutandine impermeabili e semplici da mettere, da abbassare e ritirare su. Sono una buona via di mezzo prima della vera mutandina. Comunque vada, non è una questione di orgoglio genitoriale o di comodità. È necessario che il bambino abbia raggiunto una certa maturità fisica (controllo dei muscoli dello sfintere), intellettuale e affettiva. In alcuni casi ci sono delle complicazioni, poiché a volte sopraggiunge un problema medico o psicologico, ma più spesso la causa è l'incapacità dei genitori che hanno voluto precorrere i tempi nel togliere il pannolino. Si può parlare di enuresi solo a partire dai 4 anni e in quel caso bisogna consultare un medico. A coloro che hanno bambini con delle difficoltà, raccomando la lettura del capitolo dedicato all'enuresi nel libro *Transmettre l'amour*[12] del pediatra Paul Lemoine.

Un ambiente rassicurante e ludico

Adattare l'ambiente vuol dire anche rimuovere gli ostacoli allo sviluppo. «È quindi necessario, prima di procedere a uno svolgimento educativo, di porre le condizioni di ambiente che favoriscono l'affioramento dei caratteri normali, nascosti. A tale scopo basta solo "allontanare gli ostacoli" e questo deve essere il primo passo e il fondamento dell'educazione».[13] Il principale ostacolo allo sviluppo è l'interruzione di una qualsiasi attività, di cui abbiamo parlato a lungo in precedenza. Proteggiamo il processo di sviluppo del potenziale umano. Il bambino si completa manipolando le cose, e allora lasciamolo manipolare spontaneamente. Rimuovere gli ostacoli significa anche non offrire troppi stimoli in una sola volta. Cerchiamo di dosare le

[12] P. Lemoine, *Transmettre l'amour*, Nouvelle Cité, Bruyère-le- Châtel 2007.
[13] M. Montessori, *Il segreto dell'infanzia*, cit. p. 188.

sollecitazioni sensoriali che presentiamo al bambino. Ecco perché è meglio organizzare per lui uno spazio limitato, che ingrandiremo poi all'occorrenza. In un primo momento, uno spazio ristretto consente al bambino di avere dei punti di riferimento e di farsene una rappresentazione mentale. Può orientarsi ed esplorarlo in tutta sicurezza.

Per gli stessi motivi, evitiamo di proporgli troppi giochi o attività nello stesso tempo. Limitiamo la quantità, sappiamo che troppo materiale crea confusione e non favorisce l'autonomia del bambino. La sovrabbondanza di attività può persino ritardare i suoi progressi.

Giocare senza giocattoli

Giocare non implica necessariamente dei giocattoli veri e propri. Benché nella prima scuola di Maria Montessori ve ne fossero di splendidi, constatò presto che i bimbi li lasciavano da parte, in favore degli oggetti reali e delle attività della vita quotidiana che, contrariamente a quanto accadeva a casa loro, non gli venivano negati.

Maria Montessori pensava che il bambino ricorresse ai giocattoli in mancanza d'altro, e si accontentasse quando aveva a disposizione solo quelli, ma aspirava sempre a occupazioni più elevate, costruttive, se c'era questa possibilità. Quando il bambino si accontenta dei giocattoli, è forse perché l'«adulto [...] lascia libero il bambino soltanto nei giochi, o meglio soltanto coi suoi giocattoli» scriveva Maria Montessori in *Il segreto dell'infanzia*.[14]

«L'adulto [...] lascia libero il bambino soltanto nei giochi, o meglio soltanto con i suoi giocattoli»
Maria Montessori[14]

Invece il bambino è attratto soprattutto da ciò che gli consente di inserirsi nel mondo. Ha bisogno delle «cose vere». Fino a 3 anni il bambino ha voglia di collegarsi con la realtà per capire il mondo. È assai più tardi che avrà voglia di allontanarsene.

[14] M. Montessori, *Il segreto dell'infanzia*, cit., p. 212.

Maria Montessori scriveva: «Invece di dargli i mezzi per sviluppare la sua intelligenza, non gli offre che inutili giocattoli. Il bambino vuole toccare tutto, e gli adulti gli lasciano toccare alcune cose e gliene proibiscono altre. [...] Si riconosce che il bambino ha bisogno di copiare il lavoro degli adulti, ma in risposta a questa sua esigenza gli si danno oggetti con i quali egli non può lavorare. È una beffa! [...] Il balocco è divenuto così importante che la gente lo crede un aiuto per l'intelligenza: è certamente meglio di niente, ma è significativo il fatto che il bambino ben presto si stanca di un giocattolo e ne vuole degli altri. Li rompe così senza scopo, per capriccio, e gli adulti ne deducono che egli prova piacere a fare a pezzi le cose: ma questa è una caratteristica sviluppata artificialmente, dovuta al fatto ch'egli non ha le cose giuste da manovrare. I bambini hanno scarso interesse nei giocattoli, perché non v'è la realtà in essi».[15]

Invitiamo il bambino a fare quello che facciamo noi, e a farlo veramente, con oggetti adeguati alle sue capacità, come dei piattini che potrà rompere, anziché fare per finta con stoviglie di plastica. Il bambino adora «far parte della realtà» che lo interessa e lo guida verso la concentrazione e la formazione intellettuale. È desideroso di esplorare ciò che lo circonda. Qualsiasi luogo lo attrae e il nostro sguardo amorevole lo protegge dai pericoli. Pur fissando alcuni limiti relativi alla sicurezza e all'igiene, non priviamolo dell'entusiasmo di scoprire il suo universo.

Infine non coltiviamo nel bambino il gusto esagerato dell'accumulazione di oggetti, perché la sua attenzione potrebbe essere distolta dall'attività che invece lo costruisce psichicamente. La sua energia verrebbe deviata. In quel caso farà uso di tutta la sua energia per ottenere più cose, al punto da diventare un viziato e di non godere più di quelle che possiede. Si tratta di un desiderio di potere. Secondo Maria Montessori, «quasi tutte le deviazioni morali sono le conseguenze di questo primo passo che decide tra l'amore e il possesso».[16]

Stiamo attenti a non relegare i bambini ai soli giocattoli, perché a volte tendiamo a rimandarli ai loro giochi quando pensiamo che ci stiano troppo «fra i piedi», in momenti in cui abbiamo da fare, mentre loro sognano solo di partecipare alla vita vera. Il loro grande obiettivo è diventare auto-

[15] M. Montessori, *Educazione per un mondo nuovo* (1946), Garzanti, Milano 2016, p. 109.
[16] Id., *Il segreto dell'infanzia*, cit., p. 226.

nomi e non divertirsi continuamente. Stiamo dunque attenti a non tarpargli le ali dello slancio gioioso e spontaneo, che spinge il bambino ad agire nel suo ambiente reale, rendendosi veramente utile. Sta cercando di mettercela tutta, di esercitarsi. Non chiediamogli di tornare ai suoi giocattoli, non lo rimandiamo in un mondo finto e immaginario. Diamo al bambino la possibilità di esercitarsi con delle vere attività, altrimenti aumenteranno i capricci, i musi lunghi, si sentirà triste, somatizzerà e, alla lunga, avrà dei problemi.

Il bambino passa il suo tempo a giocare, ma per lui è una cosa seria, non un divertimento. Mentre l'adulto gioca per distrarsi e per dimenticare le preoccupazioni, il bambino gioca per entrare nella realtà e adattarvisi. Avendo cura di non contrapporre il gioco al lavoro, quando ci rivolgiamo a un bambino, lo aiutiamo a preservare il piacere dello sforzo e dell'attività. Giocare è imparare, ricercare, fare ipotesi e poi verificarle. La nostra società ha ormai l'abitudine di mettere in contrapposizione la nozione di piacere a quella di lavoro, ed è una cosa negativa contro cui però possiamo reagire. Il bambino non vuole fuggire dalla realtà, tirarsene fuori: al contrario, ciò a cui aspira è adoperarsi per diventare ogni giorno più autonomo. Proponiamogli allora dei giochi che l'aiutino, che abbiano un senso.

Tutto ciò non gli impedirà di apprezzare giochi e giocattoli, purché non siano l'unica cosa che gli viene offerta. Dai tempi di Maria Montessori i giochi sono molto cambiati e molti sono oggi di qualità, pedagogici, con un aspetto piacevole e magico. È tutta una questione di quantità, qualità, ossia una questione di scelta! La responsabilità della scelta è nostra.

Scegliere i giocattoli

Dobbiamo scegliere i giocattoli, visto che la società dei consumi ne propone solo di sofisticati, che non tengono sempre in considerazione le necessità reali del bambino. Alcuni non sono di alcun interesse e pensati solo per attirare i genitori. La maggior parte dei giochi per i piccoli sono eccessivamente stimolanti, si presentano infatti come un assemblaggio, e noi ci ritroviamo con tre mucche blu in un tondo, insieme a cinque farfalle rosa con le ali a forma di triangolo. Tutti i concetti sono mischiati, dobbiamo spesso affrontare nello stesso momento colori, forme, quantità, dimensioni. E questo vale per molti giochi e libri per la prima infanzia. Proprio nel momento in cui il bambino ha bisogno di fare esperienza con oggetti ben identificabili e concetti separati.

Scegliamo preferibilmente del materiale sensoriale, bello, che ha una sola finalità chiara e non troppe, fatto con materiali di qualità. Cerchiamo di non accumulare troppi giocattoli. Entrare in una stanza che ne è strapiena, è come arrivare in un negozio stipato di roba: può scoraggiare. Non c'è nulla che attira l'attenzione, tutto è affogato nella massa. Siamo più attratti da un negozio ordinato dove le cose sono ben valorizzate, che dalla confusione o

Le funzioni del gioco

Quando scegliamo un gioco, teniamo in mente che scopo ha. In altre parole, qual è la sua funzione:

- favorire lo sviluppo della concentrazione
- aiutare a coordinare i movimenti (motricità globale e fine);
- adeguarsi al mondo e procedere verso l'autonomia;
- sviluppare i sensi;
- apprendere dei concetti;
- creare e immaginare;
- saper seguire le regole, collaborare;
- divertirsi, ovviamente;
- coltivare la gioia;

da un'esposizione sovraccarica. Sistemiamo i giochi disponendoli con cura. Organizziamo un'alternanza in modo che alcuni giochi già messi da parte possano nuovamente suscitare interesse. Possiamo anche scambiarli o regalarli. Eventualmente sceglieremo insieme al bambino quelli da dare via. È anche un modo per imparare a condividere le cose fin dalla più tenera età.

Dare il giusto spazio all'immaginazione

Non è sempre scontato, per il bambino che immagazzina percezioni di tutti i tipi, capire la differenza tra il vero e il falso, tra il reale e l'immaginario. Tuttavia è una condizione indispensabile per il suo sano sviluppo. Perciò dobbiamo far sì che abbia una corretta percezione della realtà. Dobbiamo quindi aspettare che questa si consolidi bene in lui, prima di introdurre fiabe fantastiche.

La nostra cultura è piena di racconti rocamboleschi, presentati come racconti per bambini. Invece sono storie di persone grandi, inventate dagli adulti. Certamente i bambini inventano storie di fantasia e le amano, ma ciò avviene perché sono immersi in questa atmosfera surreale. Siamo noi ad aver sviluppato in loro la passione per lo straordinario. Invece nei primi tempi, istintivamente, il bambino è attratto soprattutto dal reale.

Il piccolo è interessato alle cose concrete. Il mondo fantastico lo farà sognare quando sarà più grande, ma per adesso lasciamo che si impregni di realtà. Ci sono molti bambini che hanno grosse difficoltà a fare una distinzione e confondono i due universi. Questi bimbi sono messi in crisi dalla permeabilità tra reale e virtuale. Possono perfino confondere ciò che succede con quello che immaginano che succeda. La realtà deve essere percepita come tale, è importantissimo. Cerchiamo quindi di non introdurre i racconti fantastici troppo presto.

In un primo momento, scegliamo storie e libri che parlino dell'universo del bambino, della sua vita quotidiana, con situazioni concrete e realistiche. Per gli stessi motivi, è bene privilegiare i libri i cui personaggi sono umani, piuttosto che animali che vivono come uomini. Esistono peraltro libri stupendi in cui sono rappresentati gli animali nel loro ambiente naturale. Una volta poi che il piccolo è ben radicato nella realtà, potrà affrontare libri che umanizzano gli animali, così frequenti nella letteratura infantile.

Più avanti, quando avrà una percezione lucida del mondo, Il bambino potrà apprezzare quelle storie senza spaventarsi. Certi racconti sono importanti perché fanno parte del nostro patrimonio culturale, ma in origine non erano stati scritti per i bambini. Sono spesso angoscianti e possono generare paura e ansia.

Allo stesso modo, possiamo interrogarci sulla necessità di credere a Babbo Natale, al topolino e alla fatina dei dentini. Sono certamente storie che piacciono ai piccoli – e soprattutto ai grandi – ma se affermiamo con i bambini che sono vere, mentiamo. È per farli sognare, divertire, dicono alcuni, ma chi è che si diverte? Essenzialmente coloro che le raccontano. Il bambino non trae un gran piacere da queste credenze. Invece, turbano la sua percezione della realtà. E quando un bel giorno realizza che sono leggende, può rimanere deluso. A volte mente a se stesso per continuare a crederci, perché per lui è troppo triste capire che gli hanno detto una bugia. Non è tanto il fatto che non esiste Babbo Natale a turbarlo, quanto rinunciare a qualcosa a cui credeva, cui l'abbiamo fatto credere. Ciò diminuisce la sua fiducia nel mondo.

Dopo tutto ci sono molte altre cose che hanno l'aria di essere vere, mentre non lo sono. Il bambino potrebbe sentirsi tradito dagli adulti, che hanno mistificato la realtà raccontandogli frottole. Può sentirsi vittima di un imbroglio. Anche se non è sempre così drammatico, perché non presentare ai bambini queste tradizioni come belle storie di fantasia che vengono raccontate in occasione di fatti reali, come il Natale, con l'usanza di fare regali, e la caduta dei primi dentini, premiata con le monete? Non dimentichiamo che questi cadono quasi nell'età della ragione: allora, perché confonderla?

Aiutare il bambino ad avere una buona rappresentazione della realtà è una questione di rispetto nei suoi confronti. Immaginate che vi insegnino una lingua sbagliata quando vi trasferite in un paese straniero, di cui non conoscete la cultura...

Maria Montessori pensava che le disillusioni e la sfiducia accumulate rallentano lo sviluppo dell'intelligenza, che sono come delle «barriere psichiche [...] Sulla mente infantile discende una specie di velo».[17] Credeva

«Il bambino deviato ha una diminuzione dell'intelligenza [...] ovel'inteligenza è fuggita verso il mondo delle illusioni, ma anche in tanti altri casi dove, al contrario è più o meno repressa e spenta nello scoraggiamento»

Maria Montessori[18]

[17] M. Montessori, *Il segreto dell'infanzia*, cit., p. 130.
[18] Ivi., p. 215.

che i bambini a cui venivano raccontate fandonie per spaventarli e renderli obbedienti (il lupo cattivo, il mostro, l'uomo nero), sviluppavano delle paure inconsce.

Invece, essere ben calati nella realtà, permette al bambino di trasformare le sue paure in prudenza. Non è un'arringa contro l'immaginazione, che invece consente di rappresentare il non conosciuto e che è uno strumento prezioso. Si tratta di un monito contro l'improprio e troppo precoce ricorso all'immaginazione fantastica.

Dare fiducia, il più bel regalo per favorire la fiducia

Amare vuol dire dare fiducia. Non è necessario sopraelevare tutti gli oggetti della casa (a parte quelli molto fragili o pericolosi). Meglio indicarne al bambino alcuni, spiegando a cosa servono, se può usarli, e se sì, mostrando in che modo. Semplicemente, con gesti precisi. Come se facessimo una «presentazione» alla maniera di un educatore Montessori, quando illustra una nuova attività. È un modo per dare le regole della casa e le istruzioni per l'uso al bambino. Tutto ciò si trasforma in fiducia. In una doppia fiducia: quella che noi gli diamo e quella che lui prova per se stesso. È più rassicurante che essere parcheggiato in una zona senza pericoli, pensando che il resto della casa e del mondo sia piena di pericoli!

L'uso del box è talvolta necessario, ma non deve diventare un'abitudine, una facile soluzione per mettere il piccolo in una gabbia, in condizione di non nuocere e di non apprendere. Relegare il bambino nel box troppo spesso o troppo a lungo è inconsciamente dirgli che il mondo è pericoloso, inaccessibile per lui. Per quanto mi riguarda, non ho utilizzato il box per nessuno dei miei figli e loro non hanno mai corso pericoli. Certo, si deve investire del tempo, indubbiamente, ma è un bell'investimento. Neanche i cancelletti alle scale devono impedire al bambino di esercitarsi, sotto la nostra sorveglianza. È un addestramento necessario che richiede del tempo e che va vissuto con naturalezza, come un gioco, come se fossimo al parco. Accompagniamo con pazienza il bambino per le scale, gradino dopo gradino, tenendolo d'occhio, pronti ad afferrarlo se necessario, ma senza che se ne accorga. È meglio mostrare ai bambini da dove vengono i pericoli e spiegare come evitarli, che proteggerli senza che ne abbiano coscienza (prese elettriche coperte, proteggi-angoli dei tavolini ecc.). Dobbiamo sensibilizzarli al pericolo, dandogli allo stesso tempo fiducia.

Per esempio, quando un bambino si arrampica in continuazione si trova nel periodo sensitivo del movimento, esplora, sperimenta. Sono movimenti disordinati e scombinati. Noi lo inviteremo ad agire attentamente, ma se la sua attività ha un obiettivo, rispettiamolo. Anziché interromperlo con avvertimenti o addirittura bloccarlo, osserviamolo. Forse se la sta cavando davvero bene. Possiamo vigilare su di lui senza impedirgli di portare a termine il suo ambizioso progetto. È fiducioso, diamogli fiducia. Sta superando se stesso e aumentando la sua autostima. Supera i limiti delle sue possibilità: «Ce la faccio, ci riesco, mi piace arrampicarmi!». Quante volte il grido angosciato di un adulto, vedendo un bambino che si arrampicava, gli ha fatto perdere sicurezza? Fino a farlo cadere! Specialmente l'adulto che esclama con convinzione: «Ora cadi!». Certo, osservare un bimbo in movimento richiede più tempo che impedirgli i movimenti per, diciamo così, proteggerlo. **Ma il tempo che concediamo a un bambino è il più bello dei regali.** Rendersi disponibili per i propri figli non vuol dire correre ad accompagnarli da un'attività all'altra né offrirgli uno schermo televisivo per tenerli buoni, cioè passivi. Essere presenti significa essere presenti nella relazione. Dunque quando abbiamo il tempo di dedicare del tempo, non perdiamo quest'occasione.

Il compito del genitore è di vegliare sulla sicurezza del figlio. Talvolta però, per garantire la sua sicurezza fisica, nuociamo a quella interiore. Ebbene, quest'ultima è fondamentale. Gli adulti, con tutta la buona volontà e gli sforzi, hanno a volte un'influenza negativa sul bambino, minando la sua sicurezza interiore. L'insieme delle piccole «ferite», i continui impedimenti ad agire, a correre rischi, a concludere un'attività o a esprimere un'idea, costituiscono altrettanti ostacoli al suo sano sviluppo. Testimoniano una mancanza di rispetto nei confronti del bambino. Questa modalità dell'adulto di mostrare che è superiore fa diminuire la fiducia in sé, inesorabilmente. Si sente inferiore, impotente, incapace. Senza parlare delle frasi del tipo: «Sei solo un bambino...», «Sei troppo piccolo per...», «Non puoi...».

Dobbiamo accettare la motricità del bambino, e in qualche modo tentare di incoraggiarla. Se cade, invece di sgridarlo, perché non incoraggiarlo a ricominciare? Ridare fiducia al bambino è sempre la cosa migliore. Non dirgli mai che non potremo più fidarci di lui o usare altre espressioni del genere, perché gli fanno perdere la speranza di migliorare e lo condannano.

Lo stesso, quando un bambino si comporta male, soffermiamoci sul carattere negativo della sua azione, anziché dirgli che lui è cattivo. «Quello che hai fatto è inaccettabile» non ha lo stesso valore negativo di: «Sei cattivo!». Questa espressione pone il bambino in una pessima posizione e gli attribuisce un difetto permanente. In linea di massima, descriviamo il comportamento che ci ha contrariato piuttosto che criticare direttamente il bambino, con frasi che comprendono il pronome «tu». Si dice che il «tu uccide»[19] ovvero la critica ripetuta distrugge. Il modo migliore di aumentare la fiducia in sé di un bambino è di rimanere in ascolto, rispettandolo mentre agisce in autonomia. Proporgli opportunità per riuscire, esprimergli il nostro orgoglio, facilitare la sua indipendenza senza troppo intervenire sono modi di accrescere la sua autostima.

«L'adulto pensa di correggere il bambino da questi difetti: ma vorrei che fosse chiaro che è inutile correggere difetti che egli non avrà più quando sarà adulto»

Maria Montessori[20]

[19] Gioco di parole intraducible: in francese «il tu uccide» si dice «le tu tue» (*N.d.T.*)
[20] M. Montessori, *Il bambino in famiglia*, cit., p. 21

Il bambino piccolo impara facendo, non perché ascolta ciò che gli viene insegnato. Limitiamo i divieti, preparando un ambiente favorevole. Combattiamo i complessi di inferiorità che si formano nell'infanzia e che possono durare tutta la vita.

Il bambino che si sente amato in maniera incondizionata, per come è, ha fiducia in sé. Per stare bene con se stessi, bisogna accettarsi, e per arrivare a questo dobbiamo sentirci accettati, anche quando non siamo perfetti. Dobbiamo anche riconoscere che non si può piacere a tutti.

Proponiamo al bambino attività stimolanti

Scegliamo delle attività che abbiano uno scopo preciso, che impegnino il bambino e rispondano alle sue necessità di movimento, di sviluppo sensoriale, di linguaggio e di evoluzione sociale. Selezioniamo degli oggetti specifici, che potenzino dei punti precisi. Ogni attività riguarderà un solo parametro: le forme, i colori, una sensazione. Gli oggetti che offriamo al piccolo non possono essere considerati futili passatempi né strumenti accademici, ma un aiuto allo sviluppo naturale. Gli oggetti proposti stimolano la sensibilità interiore e naturale del bambino, come pure il suo interesse e, in tal modo, la sua concentrazione.

Nelle pagine che seguono troveremo una lista di oggetti e di attività di cui si fa uso nell'approccio montessoriano per i più piccoli, ma tengo a precisare che non si devono «fare» tutti, né è necessario collezionarli o comprarli tutti. È un elenco di idee né esaustivo né indispensabile. L'obiettivo è usare ciò che si trova intorno a noi, utilizzare la nostra creatività e la nostra immaginazione per interagire con il bambino, proporgli degli strumenti adeguati, facili, attraenti e accessibili.

La cosa più importante è la disposizione d'animo, lo sguardo che posiamo sul bambino: osservarlo, senza limitare troppo il suo spazio né la sua libertà di movimento. Accettare che cresca e invitarlo a collaborare. L'importante è che dica con gioia: «Posso farcela!». Avere fiducia in sé è sapere che possiamo agire liberamente sul nostro ambiente. Avere autostima, vuol dire sentirsi utili. La lista che segue non è dunque una ricetta di cucina, ma una fonte di ispirazione. Il segreto è integrare il bambino nella vita sociale e combattere contro i «non fare questo», i «non toccare là», e contro la ricerca di una buona prestazione!

Il modo in cui affrontiamo un'attività con i bambini è ancora più importante dell'attività stessa. La proponiamo, la presentiamo, come potremmo fare con un regalo: preparandolo in anticipo, offrendolo nel modo più gentile possibile, osservando il bambino mentre lo riceve e mentre lo utilizza. Facciamo in genere una «presentazione», cioè dimostriamo con cura come si usa un certo gioco, segnandone le tappe, con un inizio e una fine nel luogo dove si rimette a posto.

È meglio presentare il materiale nei momenti in cui siamo più disponibili, assicurandoci che anche il bambino lo sia. Lasciamo al bambino un ruolo attivo nella scelta del gioco, del luogo dove lo svolgerà e, se possibile, del tempo che ci passerà. Facciamo dei gesti lenti e precisi e curiamo la scelta delle parole che useremo. Poi lasciamo che il bambino sperimenti a modo suo. Infine, osserviamo molto. L'osservazione è importante per adeguare continuamente l'ambiente ai bisogni evolutivi del bambino che cresce. Osservare ci consente di capire quando introdurre nuove attività. Poniamoci sempre le domande: Il bambino esplora? Fissa la sua attenzione? Ripete l'attività? Si concentra?

Tutte le attività sono occasioni di relazione, di collaborazione, di stimolo della curiosità e di attività. Sono punti di partenza, non un fine in sé, né obiettivi di competenze da acquisire. Sono prima di tutto fonte di gioia. Seguiamo il bambino amorevolmente, sarà lui a darci il ritmo.

Stimolare la vista

I *mobiles*

Nell'approccio montessoriano, diamo grande importanza ai *mobiles*. Sono i primi oggetti che offriamo ai più piccoli (dalle 3 settimane), perché il primo dei sensi che si deve sviluppare è la vista. Insistiamo sull'importanza dei «*mobiles* immobili» quando il bambino è ancora piccolo, ossia *mobiles* senza motorini, che si muovono naturalmente. Abbiamo quattro *mobiles* che presentiamo in sequenza al bambino (vedi i modelli in Appendice, pp. 182-185).

- **Il *mobile* di Munari.** È composto da tre bacchette parallele alle quali sono appese delle figure geometriche bianche e nere e una sfera trasparente che riflette la luce. Il tutto forma un insieme armonioso e leggero che cattura l'attenzione del piccolo sollecitando il gusto naturale che ha per l'ordine.

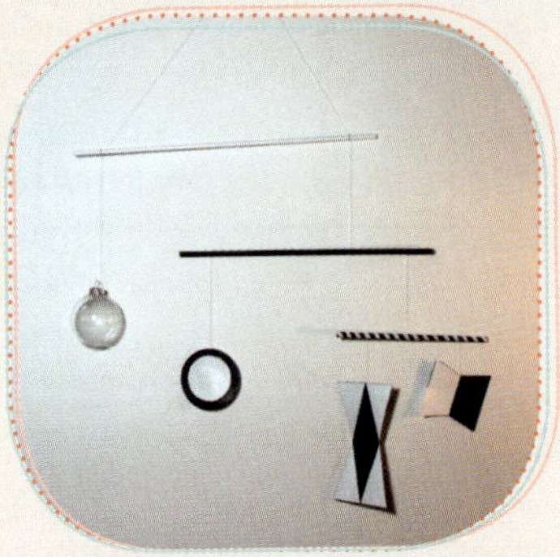

- **Il *mobile* di Gobbi.** Lo proponiamo verso i 3 mesi e mezzo. Presenta ai bambini le sfumature di tonalità d'uno stesso colore: verde, blu, rosso e altri (nella foto è esemplificato il viola). È composto da cinque a sette sfere brillanti, spesso fatte con rocchetti fili di seta, per catturare meglio la luce.

- **Il *mobile* dei ballerini**, a circa quattro mesi, con pendagli di carta luccicante a cui sono appese le sagome dei ballerini stilizzati le cui parti del corpo sono staccate tra loro per stare in movimento.

- **Il *mobile* degli ottaedri** è quello successivo, intorno ai 5 mesi. È composto da tre solidi geometrici di colori primari (blu, rosso e giallo).

Qui sono descritte le versioni «ufficiali», ma potremmo sicuramente trarne ispirazione e costruirli noi stessi, seguendo la nostra fantasia, utilizzando ciò che abbiamo a disposizione. Possiamo creare ogni genere di *mobiles,* semplici e unici. Diamo libero sfogo alla nostra creatività avendo cura di seguire le tappe: bianco e nero, poi i colori primari, poi le sfumature, poi il movimento. Si possono utilizzare materiali molto vari: piume, pigne, o altri oggetti naturali che ci ispirano.

Gli oggetti sospesi

Intorno ai 3 mesi e mezzo, osservando gli oggetti in sospensione, il bambino esercita la concentrazione e la prensilità. Che siano campanellini, anelli, ninnoli, qualsiasi tipo di gioco «funziona», basta che sia accattivante, semplice e sicuro. Sistemato alla giusta distanza, stimola il piccolo a osservare e ad afferrare. Gli oggetti che emettono un suono quando il bambino li tocca, sono ancor più stimolanti e gli fanno prendere coscienza del rapporto di causa e effetto. Gli oggetti sospesi possono essere messi in modo che il bambino li raggiunga con i piedi, stimolando il movimento delle gambe.

Gli oggetti e le attività legate alla vista

- Osservare le piante, i fiori, gli esseri viventi.
- Guardare le opere d'arte e le immagini artistiche. Perché offrire al bambino soltanto «immagini per bambini», con colori e forme sem-

plificate? Meritano di essere esposti a tutto ciò che è bello, alle opere d'arte che oltrepassano la nostra vita. Si può facilmente installare un piccolo leggio su cui far scorrere delle riproduzioni di quadri.

- Giocare al gioco del cucù dietro le sue manine che apriamo e chiudiamo come un siparietto, a partire dai 4 mesi. Possiamo poi divertirci a cambiare espressione (lavoro sulla permanenza degli oggetti). Verso i 18 mesi, il bambino ama giocare a nascondino, nascondendosi lui stesso dietro le tende, dietro le porte, sotto una coperta... Spesso rimane a lungo nel suo nascondiglio, felice di essere invisibile. Quello che è divertente, è che all'inizio, pensa che non lo vediamo perché lui non vede chi lo sta cercando. Si può fare lo stesso gioco usando un foulard e degli oggetti come fa un prestigiatore (lavoro sulla permanenza delle cose).
- Ordinare gli oggetti per colore.
- Ordinare gli oggetti per dimensione.
- Ordinare gli oggetti per argomento.
- Trovare quello più così o più cosà: gioco dei superlativi.
- Associare gli oggetti di un certo colore a una carta colorata.
- Osservare per strada quando passa un'automobile: «Chi vede una macchina rossa?».
- Osservare attraverso il gioco «indovina indovinello» chi vede una certa cosa...
- Osservare delle bottigliette riempite di liquidi di colori diversi.

Stimolare l'udito

- Parlare, parlare, parlare, verbalizzare, mettere in parole, comunicare!
- Riconoscere i rumori della vita quotidiana.
- Dare un nome a ciò che si sente in lontananza per sensibilizzare il bambino ai rumori distanti e ai rumori di fondo.
- Invitarlo ad ascoltare il silenzio.
- Giocare a bisbigliare.
- Provocare un suono e giocare con i piccoli rumori. Invitare anche il bambino a farne, anche se già avviene spontaneamente.
- Ascoltare filastrocche, ninne nanne, canzoni, musica ecc.
- Distinguere i suoni (versi degli animali, effetti sonori).
- Giocare a «indovina indovinello», a chi sente una certa cosa...
- Fare dei giochini di ritmo schioccando la lingua, battendo le dita sul legno, sulla stoffa.
- Maneggiare strumenti semplici.

- Scuotere bottigliette trasformate in maracas, o vasetti e scatoline di plastica riempiti con sabbia, semi o chicchi. O ancora sentire il rumore dei «bastoni della pioggia» fatti in casa, utilizzando rotoli di cartone o tubi.

Stimolare il tatto

- Toccare oggetti fatti di materiali diversi (distinguerli, associarli, metterli a coppie): dei quadrati di stoffa, dei cuscinetti, dei peluche, dei nastri, materiali naturali come sassolini...
- Maneggiare dei sonagli di gomma ruvida da mordere.
- Nascondere un oggetto in un sacchetto da prestigiatore, il bambino ci infila la mano e indovina cosa c'è.
- Sentire con piacere la morbidezza di un pupazzo di pannolenci.
- Giocare a «indovina indovinello», a chi sente una certa cosa...
- Spostarsi lungo un breve percorso di motricità sensoriale: organizzare un piccolo circuito fatto di stoffa usando anche vari materiali: una pelle di pecora, ardesia, cartone, materassino... Cammineranno a piedi scalzi e sentiranno il liscio, il ruvido, il freddo, il caldo...

Stimolare il gusto e l'olfatto

- Introdurre sempre nuovi cibi, possibilmente uno alla volta, cioè non mischiando tutti i sapori, così che il bambino li distingua bene.

- Variare il menù.
- Parlare dei vari sapori e sensibilizzare il piccolo verbalmente.
- Sensibilizzare il bambino agli odori invitandolo regolarmente ad annusare i fiori, i cibi, le bevande. Dare un nome agli odori, parlarne, descriverli. Ricordarli quando sono svaniti.

Favorire la costruzione dei movimenti

Motricità fine

- I primi giochini: proponiamo dei giocattoli leggeri. Facciamo attenzione alla scelta dei materiali, alla pulizia, alla quantità e alla maneggevolezza. Offriamo anche dei giochini sui quali il piccolo possa esercitare un'azione, per esempio delle palline mobili che scorrono su una bacchetta, che possono muoversi e fare un certo rumore. Intorno ai 7 mesi, possiamo scegliere giochini che passano facilmente da una mano all'altra, come il doppio disco.

- Sonagli appesi con un nastrino.
- Un anello a cui è legato un nastrino.
- Cilindri, cubi o sfere con un sonaglio o un campanellino all'interno.

- Palle di stoffa da prendere, piccole palle facili da maneggiare.
- Palle da giocoliere, palle più piccole e sacchetti di stoffa. Il bambino adora quando gli mettiamo sulla testa un sacchetto e lui tenta di afferrarlo o di non farlo cadere.
- Mettere gli oggetti in cestini tematici (raccolti secondo la forma, il colore o il tipo, ecc.).
- Scatole da aprire e chiudere.
- Oggetti da nascondere nelle scatole.
- Le scatole cinesi, che si infilano una dentro l'altra, o una matrioska.
- Gli anelli su un'asta con la base mobile per smontarla facilmente.
- Gli anelli su un'asta con la base fissa.

- Le scatole a incastro: una serie di scatole con un buco sulla parte superiore in cui il bambino può inserire un oggetto della stessa forma geometrica del foro e poi recuperarlo. Ogni scatola ha il buco di una forma sola (quadrata, triangolare, tonda). Queste scatole fanno lavorare sulla nozione di permanenza dell'oggetto e inoltre sviluppano la destrezza, l'abilità manuale e la coordinazione occhio/mano.

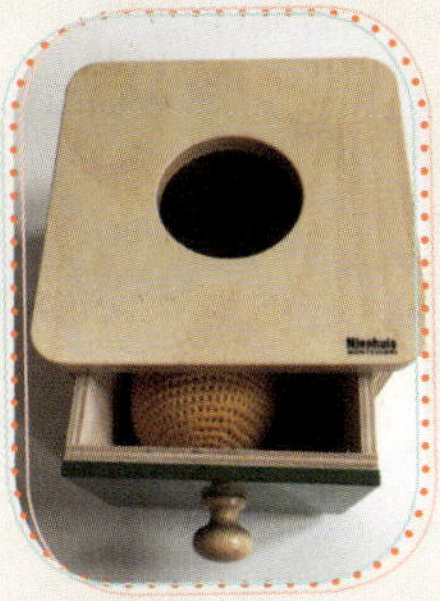

- Blocchetti da mettere uno sull'altro.
- Incastrare delle forme geometriche una alla volta, tipo puzzle.
- Creare incastri con cilindretti di legno con la maniglia (incastri solidi).
- Utilizzarne di sempre più piccoli.
- Composizioni-puzzle con pezzi magnetizzati che si tirano su con una specie di canna da pesca (pesca magnetica).
- Aprire una scatola dal coperchio scorrevole.
- Mettere un uovo in un portauovo di legno.
- Inserire una moneta di legno in un salvadanaio che il bambino può aprire facilmente.
- Infilare monete in una fessura.
- Infilzare oggetti in una bacchetta. In una verticale, poi in una orizzontale. All'inizio, gli oggetti da infilzare sono tutti uguali, poi saranno di dimensioni e colori diversi.
- Infilare perline di grandi dimensioni in un grosso filo.

- Mettere oggetti piccoli in una scodellina (per esempio bottoni, piselli essiccati, lenticchie...).
- Mettere oggetti in un cassetto.
- Maneggiare solidi geometrici.
- Giocare con le chiavi nella serratura di un mobile basso.
- Aprire e chiudere sportelli all'altezza del bambino.
- Aprire e chiudere serrature, chiavistelli.
- Costruire una torre.
- Dipingere, scarabocchiare, disegnare, colorare.
- Manipolare la plastilina.
- Inserire degli stuzzicadenti nei buchini di un flacone per spezie bucherellato.
- Utilizzare un imbuto, versare del liquido in un recipiente.
- Creare composizioni spontanee.
- Raccogliere ogni sorta di oggetti secondo un ordine.
- Infilare dei cubi su un'asticella.
- Fare scorrere delle palline su un'asticella.
- Infilare dei dischi su un'asticella orizzontale.
- Incollare degli adesivi.
- Utilizzare forbici a punta arrotondata.

Motricità globale

- Essere liberi nei movimenti (con abbigliamento pratico in ampi spazi).
- Mettersi in piedi aggrappandosi a una sbarra come quelle per la danza, chiamata «barra di brachiazione». La possiamo costruire con un bastone solido. La barra può essere fissata davanti a uno specchio. Un mobile basso può avere la stessa funzione.

- Spingere un carrellino-primi passi.
- Esercitarsi sulle scale.
- Montare su una pedana o un piccola scaletta.
- Fare un percorso su assi di legno o rotolarsi sui blocchi per motricità.
- Scaletta con una piattaforma
- Parete «da arrampicata» per i piccoli.
- Trascinare dei giocattoli con le rotelle.
- Sviluppare l'equilibrio (camminare sul bordo del marciapiede, seguire una linea sul pavimento).

«Il bambino tra un anno e mezzo e due anni di età può percorrere dei chilometri camminando; e anche superare tratti difficili, salite e scale. Soltanto, egli cammina con una finalità tutta diversa dalla nostra. L'adulto cammina per raggiungere una meta esterna e tende dritto allo scopo [...]. Il piccolo cammina per elaborare le proprie funzioni, ha quindi uno scopo creativo di se stesso. Egli è lento; non ha ancora il ritmo del passo. [...]. Ma le cose attorno lo attraggono [...]. L'aiuto che dovrebbe dare l'adulto sarebbe quello di rinunciare al proprio ritmo, alla propria finalità»

Maria Montessori[21]

[21] M. Montessori, *Il segreto dell'infanzia*, cit., p. 103

- Espressione corporea libera (con o senza musica, danza con o senza foulard).
- Camminare, camminare tanto, e non usare sistematicamente il passeggino.
- Gioco dei birilli.
- Gioco del tiro al bersaglio. Lanciare una palla sul bersaglio, per esempio in un cesto.

Facilitare la costruzione del linguaggio

- Analizzare i suoni. Isolare dei suoni e invitare il bambino a riprodurli.
- Libri, libri, e ancora libri.
- Chiamare con il loro nome gli oggetti della vita quotidiana.
- Chiamare con il loro nome i cibi.
- Chiamare con il loro nome delle serie di oggetti (frutti, giochi...).
- Associare degli oggetti alla loro rappresentazione fotografica.
- Accoppiare degli oggetti.
- Verbalizzare le azioni di tutti i giorni.
- Chiamare con il loro nome gli oggetti dei contenitori di cui abbiamo parlato sopra.
- Giocare con i sacchi da prestigiatore, cioè dei sacchetti di stoffa in cui nasconderemo gli oggetti che il bambino deve scoprire senza vederli, sentendoli con la punta delle dita. In un sacchetto possiamo mettere oggetti della stessa famiglia, in un altro oggetti molto diversi fra loro, in un altro ancora oggetti doppi.

- Tenere un album di fotografie dei familiari per parlarne in loro assenza.
- Fare un albero genealogico con le foto.
- Nominare gli animali o le famiglie di animali: la mucca, il bue, il vitello; il gallo, la gallina, il pulcino...

I libri

Per trasmettere al bambino il piacere di leggere libri, li proporremo presto. Scegliamo libri semplici ed esteticamente gradevoli, accattivanti, curando che il contenuto sia adatto alla fase di sviluppo del bambino. Per i più piccoli sono da preferire libri che abbiano temi, immagini, concetti chiari, ordinati per famiglie. Proponiamo libri che non presentano tutto in una volta (i colori, le forme geometriche, i numeri). Intorno ai 2 anni, scegliamo delle piccole storie sulla vita quotidiana che permettano al bambino di capire meglio ciò che vive quotidianamente e di identificarsi nei personaggi. Privilegiamo in un primo momento i personaggi umani senza antropomorfismi. L'osservazione di questi libri dà al bambino i riferimenti che gli consentiranno di organizzare il pensiero e di costruire la rappresentazione del tempo e dello spazio. Scegliamo dei libri che lo aiutano a mettere in parole le esperienze che fa durante il giorno: quelle buone e quelle meno buone. Scegliamo storie semplici ma ricche di emozioni. Non dovremo proporre racconti e storie fantastiche troppo presto. Lo stesso vale per i film o video. Cerchiamo di adeguare l'oggetto-libro alla dimensione e alla forza del bambino. Facciamogli vedere l'attenzione che mettiamo nel trovare libri giusti per la sua coordinazione e la sua motricità, stando attenti che non li distrugga, altrimenti dovremo levarglieli dalle mani.
Sceglieremo con cura libri:

- in gommapiuma o stoffa, morbidi, a partire dai 7 mesi;
- in cartone dai 10 mesi;
- libri-gioco quando vogliamo;
- in carta pesante dai 18 mesi;
- in carta, con copertina di cartone rigido nella fase che segue, poi finalmente di carta, in tutte le sue forme e a volontà.

Basta seguire l'evoluzione del bambino.

.../...

Proponiamo i libri al bambino in momenti di relax e di piacere, esploriamoli. Dai 20 mesi, il momento della lettura diventa un piccolo rituale molto gradito ai piccoli. Possiamo decidere in anticipo il momento, la durata, quanti libri prenderemo. Ce n'è sempre uno in particolare che il bambino ama vedere più volte. Leggeteli pure all'infinito, tutte le volte che lui desidera.
Il bambino apprezzerà che non cambiamo neanche una virgola. Gli dà un senso di sicurezza. Implicitamente, impara che un testo non cambia. Il libro è un testo fisso, anche se l'interpretazione che se ne fa e i commenti che suscita non lo sono. Usiamo pure le sole immagini senza leggere il testo. Ci sono anche dei bellissimi albi di sole immagini. Facciamo vedere al bambino come si tiene un libro, stando attenti che non lo rompa. Gli spieghiamo e mostriamo quanto è importante avere cura dei libri perché sono fragili. Diamo l'esempio.

Favorire l'autonomia

La cura della persona

- Incoraggiare il bambino a partecipare attivamente quando si veste, si spoglia, nel cambio del pannolino. Quando si tiene bene in piedi, lo invitiamo a cambiarsi in questa posizione.
- Invitare il bambino a partecipare alle operazioni di igiene personale. Lo coinvolgiamo prima solo con le parole, più tardi lo incoraggiamo a fare effettivamente dei gesti attivi che accompagnino le parole. Il

bambino in questa fase tende a fare quello che gli si dice.

- Allenarsi ad aprire velcro, bottoni, automatici, cerniere lampo, su abiti non usati in quel momento, come esercizio. Prepariamoci per quando lo dovremo fare per necessità. Usiamo dei quadretti che simulano le abbottonature, con velcro, chiusure lampo, bottoni vari, automatici.
- Mettere a posto i suoi vestitini.
- Mettere i vestiti nel contenitore della biancheria sporca.
- Sedersi sul vasino, andare a buttare il pannolino, verbalizzare le varie azioni, andare a svuotare il vasino...

- Lavarsi i capelli e i denti «da solo».
- Lavarsi le mani «da solo».
- Asciugarsi il naso «da solo». Appena possibile, mettiamo i fazzolettini a sua disposizione, e vicino un cestino per buttare la carta.
- Soffiarsi il naso «da solo».
- Pulirsi la bocca «da solo».
- Pulire i piedi entrando e/o togliersi le scarpe.

La cura dell'ambiente interno

- A partire dai 10 mesi, il piccolo ama i lavoretti domestici, come passare la spugna, asciugare il tavolo...
- Spostare una pila di panni di stoffa.
- Quando già cammina, gli piace fare piccoli servizi domestici, vissuti come delle missioni: per esempio, gettare qualcosa nella spazzatura.

- Riordinare le cose.
- Vuotare le borse. Spacchettare le buste della spesa.
- Portare oggetti pesanti: maneggiare un oggetto ingombrante.
- Partecipare alle operazioni in cucina, collaborare.
- Sbucciare la frutta e la verdura.
- Tagliare la frutta (banana) e la verdura.
- Spremere gli agrumi.
- Spalmare.
- Strizzare una spugna.
- Versare: il bambino si allena prima con la semola in una grande bacinella. Poi utilizzerà piccoli contenitori posti su un vassoio. Versare da una caraffa a un'altra (dei semi, riso, della semola con acqua).
- Travasare da una ciotolina a un'altra con un cucchiaio o una pinza da portata.
- Apparecchiare la tavola. Possiamo aiutare il bambino, con un set da tavola sul quale è disegnato il contorno di piatti e posate nella giusta posizione.
- Servirsi da solo il cibo e le bevande.
- Tagliare, usare le posate o le bacchette, a seconda del luogo dove il bambino vive.

- Spolverare.
- Spazzare o passare un piccolo aspirapolvere.
- Pulire i vetri.
- Pulire uno specchio.
- Chiamare con il loro nome gli oggetti della vita quotidiana.
- Annaffiare una pianta della casa, prendersene cura, pulirla.
- Svuotare e riempire la lavastoviglie.
- Stendere il bucato.
- Riempire la lavatrice.
- Spostare i mobili.
- Trasportare la sua seggiolina o il suo sgabello.
- Mettersi a sedere cercando di fare il minor rumore possibile, vivendolo come un gioco.
- Avvitare e svitare.
- Usare le mollette da bucato.
- Piegare i tovaglioli.
- Lavare i piatti.

La cura dell'ambiente esterno

- Raccogliere col rastrello le foglie d'autunno.
- Piantare i semi.
- Osservare la natura.
- Annaffiare.
- Dar da mangiare e prendersi cura di un animale.
- Osservare gli animali.

Testimonianza
sulle attività pratiche

Isabelle Séchaud,
responsabile dell'ISMM
Lione (Istituto Superiore
Maria Montessori)

Il bambino piccolo ha bisogno di agire nel e sul suo ambiente. Sa che può fare delle cose sfruttando le proprie forze e la propria autonomia. Il bambino vuole essere considerato un collaboratore, ha bisogno di impegnarsi insieme all'adulto che lo accompagna nelle varie attività che gli fanno sperimentare il suo corpo e compiere grandi sforzi, di sentire che le sue capacità vengono riconosciute. La stima e la fiducia di sé sono strettamente legate alla possibilità che ha di agire da e per se stesso, con il sostegno appropriato. La risposta concreta a questa necessità è l'introduzione delle attività della vita quotidiana di cui il bambino si appropria e che può continuare per tutto il tempo che vuole. Per esempio, nelle comunità infantili, i piccoli hanno a disposizione il vassoio per l'attività «lavarsi le mani», che suscita grande interesse e risponde al loro bisogno di sviluppo. Cosa li attrae? Portare l'acqua? Giocare con l'acqua? Col sapone? Poco importa, l'essenziale è avere l'opportunità di svolgere un'attività che abbia uno scopo, ripeterla, praticarla. Un'attività che permetta di controllare sempre meglio i movimenti, di sperimentare le sue capacità e la gioia di fare da solo. Ovviamente, nei bagni, prima dei pasti, il bambino si laverà sì, le mani, ma con un altro scopo, per una questione di igiene. Sarà facilitato dall'allenamento fatto precedentemente.

Diamo al bambino l'opportunità di svolgere realmente le attività legate alla nostra vita e alla nostra cultura, con oggetti reali adatti a lui. Lo coinvolgiamo il più possibile nei compiti della vita di tutti i giorni, come preparare la frutta per la colazione, apparecchiare la tavola, annaffiare le piante, fare il pane... Per arrivare a questo, è necessario distaccare poco a poco l'attività dall'adulto, e focalizzarla sul bisogno di agire dei bambini.
È importante, perché i bambini si esprimono con le loro azioni (attività pratiche, disegno, pittura, invenzione, gioco).

Da ricordare

L'approccio Montessori in casa è:

1. Un atteggiamento
Siamo coscienti della primaria importanza del nostro modo di stare insieme al bambino. Lo osserviamo, lo accompagniamo, diamo l'esempio, incarnando quello che vogliamo trasmettergli. Curiamo la qualità della nostra relazione con lui per comunicargli serenità.

2. Un ambiente preparato
Prepariamo un universo di semplice e sereno, adattato ai bisogni del bambino e alle sue specificità. Un ambiente materialmente e psicologicamente predisposto per accompagnarlo al meglio, in funzione del suo sviluppo.

3. Le attività
Proponiamo oggetti, giochi e occupazioni che siano d'aiuto allo sviluppo naturale del bambino e alla sua realizzazione.
Per arricchire la vita psichica del piccolo, teniamo a mente queste idee chiave:

- ★ proteggere il bambino e averne cura.
- ★ svolgere un ruolo di filtro (rumore, luce, temperatura...),
- ★ creare un nuovo legame > sicurezza > fiducia > senso di unione;
- ★ offrire stimoli in maniera equilibrata (né troppi, né troppo pochi);
- ★ considerare la concentrazione come una cosa sacra;
- ★ aiutare senza troppo aiutare;
- ★ osservare il bambino e seguirlo avendo rispetto per le sue iniziative;
- ★ attribuire al bambino dei pensieri;
- ★ parlare, usare le parole;
- ★ liberare il movimento e favorire la coordinazione;
- ★ favorire la libera scelta delle attività;
- ★ conoscere i periodi sensitivi e le tappe dello sviluppo;
- ★ coinvolgere il bambino, collaborare con lui;
- ★ avere fiducia e dare fiducia;
- ★ amare incondizionatamente;
- ★ trasmettere serenità e gioia.

5 Montessori nelle strutture collettive

La pedagogia Montessori per i bambini sotto i 3 anni può essere attuata in una struttura collettiva. Avviene già nei numerosi istituti Montessori nel mondo, che offrono strutture di accoglienza dividendo i bambini per fasce di età: da 3 mesi a 18 mesi al «nido» e da quando cominciano a camminare con sicurezza a 3 anni nella comunità infantile.

Queste strutture pongono l'accento sulla qualità della relazione, l'ordine e la sistemazione dello spazio nelle diverse aree strutturate e organizzate (un angolo per i giochi, uno per il cambio, uno per i pasti, una zona sonno, un'area adatta al movimento, un posto per le riunioni, un angolo comodo per la lettura). Questa organizzazione aiuta il bambino a orientarsi nello spazio, certo, ma anche nel tempo, attraverso una precisa routine. Inoltre, tutto è messo in modo da facilitare il movimento libero e coordinato del bambino, e di sviluppare il linguaggio. Altro punto fondamentale: la libera scelta delle attività. Il bambino è accolto con gentilezza e senza rigidità dagli educatori e dalle educatrici, che accompagnano ogni bambino individualmente nei suoi personali slanci di curiosità e nei percorsi di apprendimento. Il bambino è visto come un esploratore di cui vengono rispettate e favorite le strategie di ricerca. Le attività sono perciò guidate il meno possibile.

Nella comunità infantile, il bambino è veramente coinvolto nei compiti della vita quotidiana: partecipa alle attività pratiche e utili come preparare la merenda, mantenere l'ambiente, apparecchiare ecc. Il gruppo, inclusi gli educatori, forma una comunità. I bambini si sentono considerati e tengono conto, via via, dei bisogni di ognuno perché sentono che i propri sono tenuti in conto. Offrire un accompagnamento adatto alle capacità e alle necessità di ciascuno individualmente è assolutamente possibile anche in strutture collettive.

Strutture di questo tipo sono ancora poche, ma sono in crescita. Le comunità infantili sono più numerose dei nidi, ma oggi c'è grande interesse per il metodo Montessori da parte di molte puericultrici a domicilio, dei micro-nidi e di un numero sempre maggiore di strutture d'accoglienza per i più piccoli. Lo stesso avviene in alcuni asili-nido aziendali o anche pubblici e comunali, spesso per iniziativa del responsabile dell'istituto o di un educatore appassionato.

Ma quando arriva il momento di cominciare a frequentare una struttura collettiva, Montessori o no, bisogna essere molto attenti al periodo di inserimento. Le separazioni sono delle tappe nella vita di un bambino piccolo, e si deve fare in modo che le viva nel miglior modo possibile. Il tema è importante perché, da come saranno vissute le prime esperienze in tal senso, dipenderanno gli esiti delle separazioni future.

È fondamentale darsi un tempo e preordinare dei passaggi graduali che tengano conto delle reazioni del bambino, basandosi sull'osservazione del comportamento. È opportuno prevedere delle tappe. Durante l'inserimento, il bambino piccolo prende pian piano confidenza con i suoi nuovi compagni (grandi e piccini) e contemporaneamente prende fiducia in se stesso.

Testimonianza
sulla comunità infantile

Aurora Moehring, educatrice della prima infanzia in Comunità infantile Montessori, scuola EMBR a Rueil-Malmaison

Nella pedagogia Montessori ho ritrovato subito i miei valori pedagogici. Ho potuto osservare che i bambini erano assetati di imparare e che mettendo a disposizione il materiale si appagava questa sete.
All'inizio mi sono interrogata sul ruolo del gioco nella pedagogia Montessori per i più piccoli, sul perché usiamo sempre il termine «lavoro» per parlare delle attività svolte in classe. Oggi capisco che l'utilizzo la parola «lavoro» eleva l'attività del bambino, e gli dà importanza. Sentiamo spesso che si devono proporre giochi di imitazione ai piccoli, invece non c'è niente di più attraente e positivo per un bambino che fare le cose per davvero, con uno scopo reale e con materiale vero alla sua portata.
Ho dovuto altresì mettere da parte le mie paure di adulto, per esempio dando ai bambini un vero coltello per tagliare un frutto o una fetta di pane. Ho imparato a dare fiducia ai bambini e a lasciarli fare da soli, con un coltello adatto, naturalmente!
Coerentemente con la mia formazione di educatrice della prima infanzia, nell'ambito della comunità infantile ho potuto lasciare i bambini essere autonomi, rendendoli protagonisti di tutte le fasi della giornata, apparecchiare e sparecchiare nel momento del pasto, servire l'acqua. Ciò è reso possibile dal fatto che nessun adulto si sostituisce a loro. È il mondo dei bambini.
Avevo dei dubbi sul numero di adulti che accompagnavano i bambini nelle strutture Montessori. Mi sembrava un numero insufficiente per un accompagnamento individuale e di qualità. Dopo l'osservazione, ho capito presto che un numero troppo alto di operatori sarebbe stato un ostacolo all'autonomia dei bambini. Infatti, quando permettiamo ai bambini di essere autonomi, mettendo a disposizione del materiale che risponde ai loro bisogni, e rendendolo accessibile, richiedono una minore presenza di personale.
E poi credo di aver allargato il mio orizzonte professionale sul lavoro di osservazione. Ho imparato a osservare i bisogni dei bambini secondo i concetti di Maria Montessori, come i periodi sensitivi, le caratteristiche umane.

Ho veramente sentito in questa pedagogia il rispetto per il bambino.

Qui nella Comunità infantile, il bambino è considerato come un individuo unico dei cui bisogni si tiene conto in modo specifico. Dicono che i bambini, nell'età in cui li accogliamo nella Comunità infantile, siano centrati su loro stessi, ma se diamo a ognuno un ruolo e li rispettiamo tutti, osserviamo subito che acquistano coscienza dell'altro e che sono affettuosi fra di loro.

Testimonianza
sul periodo di inserimento e sull'aiuto per la separazione

Lydie Lecetre-Abbyad, educatrice Montessori AMI in Comunità infantile, scuola Les Pouces Verts a Mouan-Sartoux.

Sul piano psicologico, l'inserimento è considerato come un periodo di adattamento graduale al nuovo ambiente. È una serie di aggiustamenti la cui durata e criticità sono specifiche di ogni bambino. Venire a trovarsi in un luogo nuovo con persone mai viste è un cambiamento importante per un bimbo piccolo. Manteniamoci su una linea di empatia, necessaria affinché questo momento non sia vissuto come un trauma. Cerchiamo dunque di capire a fondo cosa prova il bambino e rispondiamo in maniera adeguata al suo bisogno di sicurezza.

Due grandi tappe nel corso del periodo di inserimento

1. **La separazione fisica, che per il bambino implica:**
   - l'allontanamento dal genitore;
   - la scoperta di cose nuove (un posto nuovo, persone nuove, cose nuove).
2. **Vivere senza la famiglia, che per il bambino implica:**
   - la paura dell'abbandono (rischio di provare insicurezza);
   - accettazione della situazione;
   - nuovi legami affettivi (l'educatrice e gli altri bimbi della classe);
   - nuove interazioni di cui loro stessi sono protagonisti.

Tuttavia, dopo il periodo di inserimento che si compone delle due fasi, qualche volta la separazione potrebbe rimanere un problema nelle mattinate seguenti. Dobbiamo essere attenti, evitare le trappole e continuare con l'accompagnamento fondato sulla comprensione del bambino, rispondendo alle sue reali necessità. Questo in genere è un periodo di disagio per il genitore che prende coscienza dell'importanza della sua ««missione» di accompagnatore e delle ricadute dei suoi atteggiamenti.

Consigli pratici
ai genitori, perché il bambino viva bene il momento della separazione.

Avere un atteggiamento tranquillo e sereno. Fargli sentire la nostra fiducia, che noi adulti accettiamo questa separazione. Nella mia esperienza posso constatare che i genitori non sono sempre pronti alla separazione. Saranno i migliori accompagnatori se loro stessi sono pronti a vivere questo evento. In più, solo il genitore convinto che il bambino starà bene potrà valorizzare il nuovo luogo di vita di suo figlio.
Sostenere il bambino prevedendo cosa succederà (per esempio: «oggi farete questa cosa...»). Entrare in uno stato d'animo sereno.
Camminare tranquillamente.
Parlare a voce bassa. Prendere il tempo necessario, sedersi vicino al bambino e aiutarlo a prepararsi coinvolgendolo (sistemare il cappotto, le scarpine, le pantofole).
Confortare e rassicurare il bambino.
Esprimere a parole la situazione che sta vivendo (per esempio: «Ti capisco e ti vengo a prendere dopo» ecc.)

Svolgimento pratico del periodo di inserimento

L'inserimento dura vari giorni o varie settimane, dipende dalle necessità di ogni bambino. Si svolge ogni mattina tra le 8.30 e le 11.30. Questo periodo può modificarsi secondo i tempi e i bisogni del bambino. Prosegue con la tappa del pasto consumato a scuola, in cui il bambino metterà in atto il lavoro pratico svolto precedentemente in classe.

Poi, una volta che può ben gestire questa fase, possiamo prolungare la giornata con il riposino, con il «lavoro» del pomeriggio e infine con il tempo trascorso in giardino alle 16.

Il genitore accompagnatore è invitato nello spazio dedicato al momento della separazione. È un posto appositamente organizzato, in cui i piccoli sistemano le loro cose, si mettono le pantofole ecc. Lo spazio ha dei divisori per garantire intimità al bambino che si sta separando dal genitore, rispettando gli altri che si sono già messi al lavoro in classe. Propongo all'accompagnatore un'attività per tenersi occupato, presente, ma non disponibile per il bambino. La sua presenza è rassicurante, ma lui sarà preso dalle sue cose. Uno dei modi migliori per far vedere al piccolo che il genitore è occupato è la lettura, però con un libro e non un computer portatile che il bambino potrebbe associare a un passatempo. Vedendo il genitore occupato, il bambino si avvia più facilmente verso le attività proposte in classe. Alcuni si lanciano e prendono parte rapidamente ai diversi «lavori» proposti, altri fanno avanti e indietro tra il genitore e le attività per tutta la mattinata, e altri ancora si allontanano con difficoltà dai genitori. In base alla risposta di ognuno, sono messe in atto varie strategie finché il bambino si lascia coinvolgere nelle cose che fa e si allontana dal genitore, sereno e sicuro.

Evitare le «trappole»

- ★ Fermarsi ai giochi in giardino prima di entrare.
- ★ Promettere un premio se rimane tranquillo e si mette a lavorare con gli altri (vi assicuro che non c'è bisogno del genitore per ricompensarlo, otterrà il premio da solo attraverso le sue attività).
- ★ Farlo entrare con il ciuccio in bocca. Se è proprio necessario, lo daremo quando il genitore va via.
- ★ Intavolare una discussione troppo lunga col bambino prima di andare via.
- ★ In generale evitare di entrare in conflitto col bambino, per esempio se vuole aiuto quando non serve. È meglio a quel punto assecondare il suo bisogno di attenzione.

Pazienza e disponibilità sono altamente raccomandabili! Il **tempo** è il più bel regalo che un genitore può fare a un bambino. Con tempi corrispondenti alle sue esigenze, il bambino si adatterà **naturalmente** al nuovo ambiente.

Conclusione

Molte cose entrano in gioco tra 0 e 3 anni, un'età in cui il bambino ci appare così misterioso, mentre si stanno gettando le basi della sua personalità. Ogni bambino potenzialmente può imparare tutto da solo, basta che sia protetto e incoraggiato dalla nascita. Dobbiamo essere degli educatori amorevoli, sereni e gioiosi, coltivare la calma e la leggerezza. Non è questione di applicare un metodo, ma di fare del nostro meglio, lasciando agire la natura umana in un'atmosfera di amore, libertà e rispetto per sé e per gli altri. I nostri strumenti preferiti sono l'osservazione e la riflessione. Ci consentono di aiutare ciascun bambino ad auto-educarsi, per aiutarlo a diventare se stesso. «Diventa quello che sei», scriveva Sant'Agostino. Per accompagnare il bambino nel suo cammino, rimuoviamo gli ostacoli al suo sviluppo spontaneo. Perché l'energia vitale del bambino, quando è troppo spesso intralciata, rischia di deviare e creare problemi.

Aiutare senza aiutare troppo, essere sempre disponibili senza essere troppo presenti: il piccolo ha bisogno di questo dono. Non è una schiavitù per i genitori, ma una risposta a un bisogno imperioso del bambino. Più dedichiamo tempo al piccolo, più rapidamente sarà autonomo e indipendente. La qualità del nostro modo di stare vicino a un bambino influisce sulla fiducia in se stesso e nella vita.

La nostra missione di educatori è di collaborare col piccolo. Ricordiamoci che deve essere in grado di conoscere la sua volontà, prima di sottomettersi a quella di un altro. È la chiave dell'educazione alla Pace, e si può attuare già prima dei 3 anni. Investiamo allora sul lungo termine, non soltanto per questo o quel bambino, ma per l'umanità. Sacrifichiamo l'orgoglio al concetto superiore della PACE. Ricordiamo sempre che i bambini di oggi sono la nostra occasione di migliorare la società, perché saranno gli adulti di domani.

Abbiamo un immenso istinto materno e paterno. Basta solo aver fiducia e dare fiducia al bambino. Trasmetteremo al mondo un modo di essere.

Il bambino che a noi sembra nato ieri ha già 3 anni! Parla, è autonomo, collabora, gli piace imparare, eccolo pronto ad assorbire la sua cultura in un ambiente allargato. Continua a sorprenderci, e con piacere ricordiamo la catena di avvenimenti e di emozioni chi ci hanno portato fino a qui! Ed è solo l'inizio! Pronti per il seguito, godendoci ogni istante!

«La generazione futura
non deve saper fare solo ciò che noi insegniamo,
dev'essere in grado di andare ancora più lontano [...]
Noi abbiamo un dovere rispetto all'uomo di domani.
Può darsi che un nuovo grande leader
o un genio sia oggi qui con noi e il suo potere
deriverà dalla forza del bambino che è adesso.
Questa è la visione che dobbiamo avere. [...]
L'età fra i 2 e i 3 anni è la più importante della vita»

Maria Montessori, *The 1946 London Lectures*

Appendice

Quattro modelli di *mobile*

Il *mobile* di Munari

Questo *mobile* fa appello al gusto innato del neonato per l'ordine e al suo spirito matematico. Si fonda sulla formula matematica seguente.

Ecco una sintesi della configurazione dei *mobiles*. Troverete in internet i tutorial per costruire questi modelli, ma potete anche farli a modo vostro.

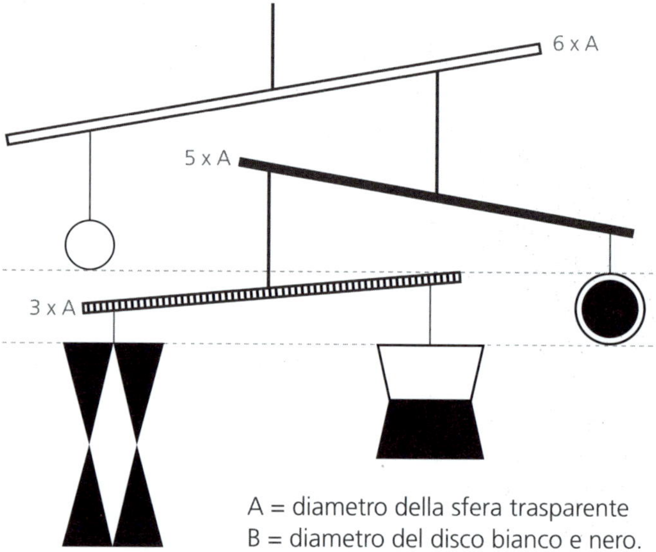

A = diametro della sfera trasparente
B = diametro del disco bianco e nero.
B = A + 1/3 di A

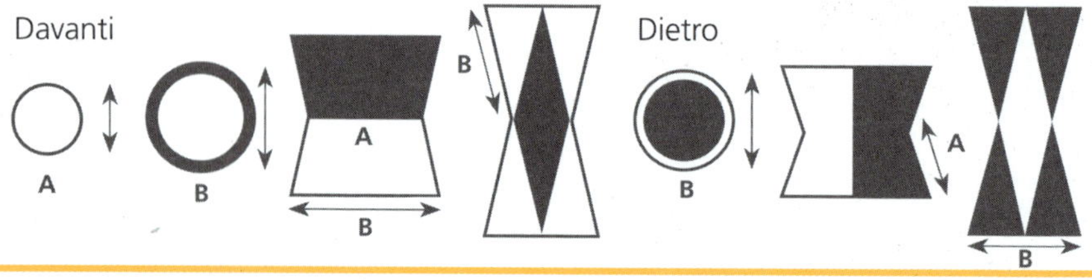

Il *mobile* di Gobbi

Possiamo dipingere le sferette o rivestirle con un filo di cotone, lana o meglio ancora seta. Questo *mobile* ha cinque sfere, ma ne esiste una versione con sette (con una bacchetta di circa 28 cm).

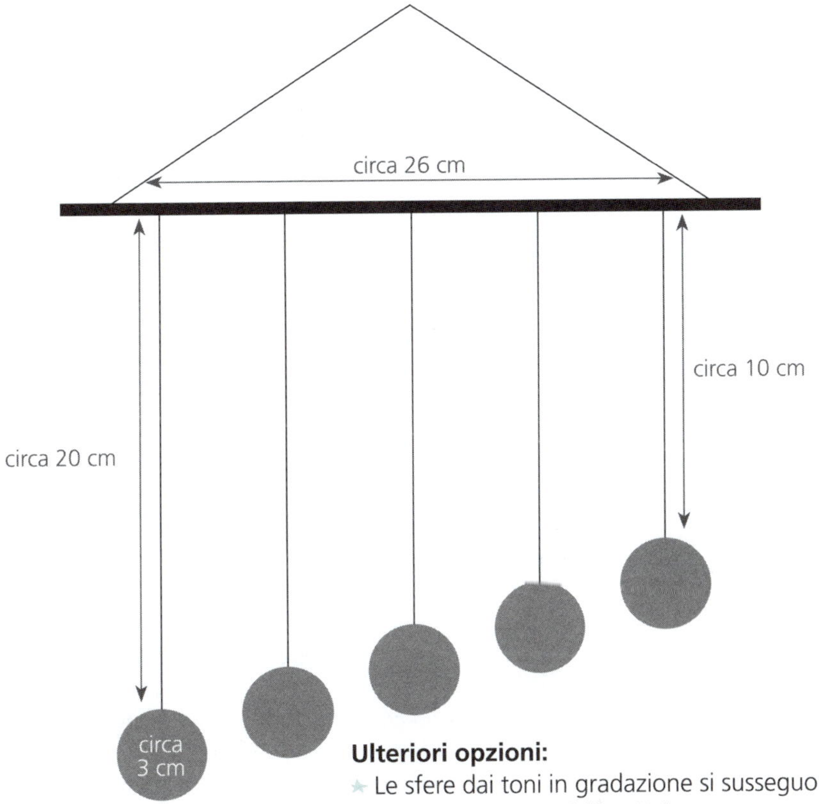

Ulteriori opzioni:

- Le sfere dai toni in gradazione si susseguono con la più scura sul filo più lungo.
- La sfera più scura viene posta nel centro con una gradazione simmetrica nei lati.

Il *mobile* dei ballerini

Disegniamo dei ballerini di circa 14 cm, su carta luccicante che catturi la luce (metallica, olografica o iridescente). La carta può essere double face e avere un colore vivo sul retro. L'insieme dev'essere leggero per favorire il movimento del *mobile*. Appendiamo i ballerini con un filo di nylon a una o più bacchette.

Il *mobile* degli ottaedri

Riproduciamo questo modello su tre cartoncini leggeri nei colori rosso, blu e giallo. Possiamo farli tutti e tre della stessa misura con un lato di circa 4 cm, oppure ciascun ottaedro di misura diversa, con una variante di 1 cm. Li appenderemo a una bacchetta.

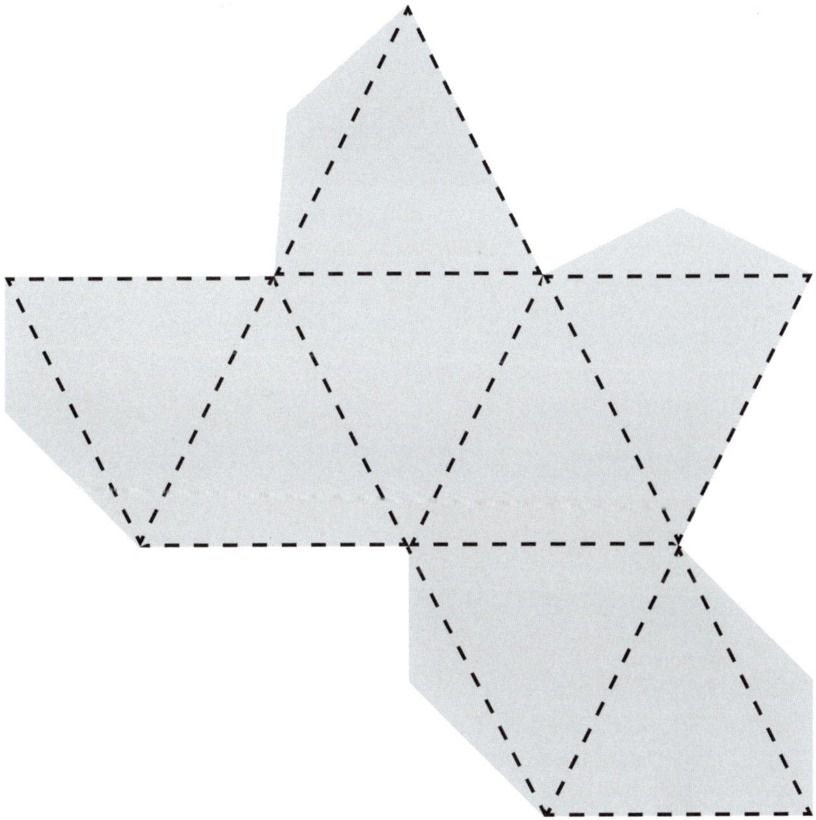

Indirizzi utili

Association Montessori Internationale (AMI)
Koninginneweg 161
1075 CN Amsterdam
Paesi Bassi
Tel. : + 31 20 67 98 932
Fax : + 31 20 67 67 341
email: info@montessori-ami.org
www.montessori-ami.org

Association Montessori de France (AMF)
1-7, rue Jean-Monnet
94130 Nogent sur Marne
Tel. : + 33 1 84 16 32 97
email: amf@montessori-france.asso.fr
www.montessori-france.asso.fr

Institut Superieur Maria Montessori (ISMM)
L'ISMM propone corsi di formazione per educatori Montessori per bambini da 0 a 3 anni e da 3 a 6 anni e corsi di aggiornamento per assistenti Montessori.
I centri sono uno a Parigi e uno a Lione.
1-7, rue Jean-Monnet
94130 Nogent sur Marne
Tel. : + 33 1 48 72 95 20
email: contact@formation-montessori.fr
www.formation-montessori.fr

Opera Nazionale Montessori

Via di San Gallicano, 7
00153 Roma
Tel. : 06 584865 - 587959
Fax. : 06 5885434
email: info@montessori.it
www.montessori.it

Fondazione Montessori Italia

Piazzetta Anfiteatro, 8
38122 Trento
www.fondazionemontessori.it

Altre istituzioni nazionali:

più di cinquanta centri di formazione in tutto il mondo.
Per localizzarli: www.montessori-ami.org (training centers).

Bibliografia

Opere di Maria Montessori

La scoperta del bambino, Garzanti, Milano 1950 (I edizione inglese *The discovery of child*, 1948).

La mente del bambino. Mente assorbente (1952), Garzanti, Milano 1999 (I edizione inglese *The absorbent mind*, 1949).

Dall'infanzia all'adolescenza, Garzanti, Milano 1949 (I edizione francese *De l'enfant à l'adolescent*, 1948).

Corso di Pedagogia scientifica, Società Tipografica Editrice, Città di Castello 1909.

Il Metodo della Pedagogia Scientifica applicato all'educazione infantile nelle Case dei bambini, Casa Editrice Lapi, Città di Castello, 1909.

Il Metodo della Pedagogia Scientifica applicato all'educazione infantile nelle Case dei bambini, II edizione ampliata, Loescher & C., Roma 1913.

Il Metodo della Pedagogia Scientifica applicato all'educazione infantile nelle Case dei bambini, III edizione ampliata, Maglione & Strini, Roma 1926.

Il bambino in famiglia (1936), Garzanti, Milano 2000 (I edizione tedesca *Das Kind in der Familie*, 1923).

Educazione e pace, Garzanti, Milano 1949 (I edizione *Peace and education*, 1949).

Les étapes de l'éducation (1936), Desclée de Brouwer, Paris 2007.

Educazione per un mondo nuovo, Garzanti, Milano 2000 (I edizione inglese, *Education for a new World*).

Come educare il potenziale umano, Garzanti, Milano 1970, (I edizione inglese *To educate the human Potential,* 1947)

Formazione dell'uomo, Garzanti, Milano 1949.

Psico geométria, Araluce, Barcellona 1934.

The 1946 London Lectures, Montessori-Pierson Publishing House, Laren 2012.

Altre opere

Chapman G., Campbell R., *Langage d'amour des enfants*, Farel, Marne-la-Vallée 1988.

David M., Appel G., *Loczy ou le maternage insolite*, Édition du Scarabée, Paris 1973.

Dolto F., *Tout est langage, Gallimard*, Paris 2002.

Gordon T., *Parents èfficaces au quotidien*, Marabout, Paris 2007.

Leboyer F., *Pour une naissance sans violence*, Le Seuil. coll. "Points", Paris 2008.

Lemoine P., *Transmettre l'amour: l'art de bien éduquer*, Nouvelle Cité, Paris 2007.

Lorans M., *Guide des premières pas*, Ouest-France, Rennes 1986.

Martino B., *Le bébé est une personne: la fantastique histoire du nouveau-né*, Balland, Paris 2004.

Pikler E., Szanto A., *Se mouvoir en liberté dès le premier âge*, PUF, Paris 1979

Quattrocchi Montanaro S., *Comprendere i bambini: sviluppo ed educazione nei primi tre anni di vita*, Di Renzi, Roma 2006.

Polk Lillard P., *Pourquoi Montessori aujourd'hui?*, Desclée de Brouwer, Paris 1984.

Sizaire A., *Maria Montessori*, *L'*éducation liberatrice, Desclée de Brouwer, Paris 1994.

Standing E.M., *Maria Montessori, sa vie, son œuvre*, Desclée de Brouwer, Paris 1995.

Stoll Lillard A., *Montessori, the Science Behind the Genius,* Oxford University Press, Oxford 2005.

Spinelli P., Benchetrit K., *Un autre regard sur l'enfant*, Desclée de Brower, Paris 2010.

Thirion M., Challamel M.J., Le *Sommeil, le Rêve e l'Enfant*, Albin Michel, Paris 2011.
Thirion M., *L'Allaitement: de la naissance au sevrage*, Albin Michel, Paris 2004.
Toulemonde J., *Le Quotidien avec mon enfant*, L'instant présent, La Londe-les-Maures 2005.
Veldman F., *Haptonomie, science de l'affectivité*, Presses Universitaires de France, Paris 2007.

Fonti

Rivista *L'enfant et la vie*
Rivista *Grandir autrement*
Sito internet in inglese: http://aidtolife.org
Sito del CIRDH sull'aptonomia: http://www.haptonomie.org/fr/
Sito di risorse pedagogiche: http://www.parent-chercheur.fr
Centre Nascita Montessori du Nord (CNMN) per vivere i suggerimenti di Maria Montessori in seno alla famiglia. Laboratori, conferenze e scritti sulle nuove pedagogie dal 1969: http://www.parent-chercheur.fr
Centre Nascita Boulogne Billancourt: http://nascita-montessori.blogspot.fr
Centre Nascita Angers: http://nascita-angers.fr
Centre Nascita de Rennes: http://www. montessori-rennes.org/content/nascita
Mam - Le Nido des P'tits Colibris à Sophia Antipolis: http://www.mam-lescolibris.com
http://made-in-line.jimdo.com/couture/les-bébés/les-bals-montessori/

Per contattare Charlotte Poussin

Email: charlottepoussin11@gmail.com